영재들을 위한 **상위10%**

수학 바이러스 _{시즌2}

❸ 수학유령의 등장

문자와 식

수학 바이러스 시즌 2 - 3권

정완상 ⓒ, 2022

초판 1쇄 발행일 | 2022년 1월 15일

지은이 | 정완상
그린이 | 이화
발행인 | 박혜정

발행처 | 브릿지북스
출판등록 | 제 2021-000189 호
주소 | 경기도 고양시 일산서구 킨텍스로 284, 1908동 1005호
문의전화 | 070-4197-5228
팩스 | 031-946-4723
이메일 | harry-502@daum.net

ISBN 979-11-92161-03-7
　　　979-11-976702-9-9(세트)

영재들을 위한 상위10%

수학 바이러스

시즌2

③ 수학유령의 등장

문자와 식

정완상 지음 | 이화 그림

BRIDGE Books
브릿지북스

들어가는 말

　몇 년 전에 런던으로 여행을 갔다가 꼭 가 보고 싶은 작은 도시를 방문했어요. 런던에서 기차를 타고 북쪽으로 한 시간 정도 가면 케임브리지라는 작은 도시가 나오는데 그곳에는 중세풍의 대학 건물들이 즐비하게 늘어서 있답니다. 케임브리지는 킹스 칼리지, 트리니티 칼리지 등 수많은 대학들이 있는 대학도시인데, 바로 이곳에서 미적분학의 창시자인 뉴턴이 공부했고 빅뱅 이론으로 유명한 스티븐 호킹이 수학과 물리학 교수로 재직했어요. 케임브리지를 처음 본 인상은 '아! 이런 곳이라면 세계적인 수학자나 과학자가 나올 수 있겠구나!'였어요.

　그래서 이번에 영재들을 위한 수학 추리 동화를 쓰면서 그때 내 머릿속에 강한 인상을 준 케임브리지를 떠올리며 수학 영재들이 모여 사는 매쓰브리지라는 가상의 작은 도시를 설정해 보았어요. 처음에는 우리나라 학교에서 벌어지는 일로 설정할까도 생각해 보았지만 아직까지 케임브리지 대학 같은 세계적인 명문학교가 없다는 점에서 가상의

해외 도시로 결정했어요.

영재들을 위한 수학. 수학 영재란 기계적으로 외워서 문제를 잘 푸는 것이 아니라 새로운 수학 이론을 만들어 낼 수 있는 창의적인 사고를 가진 사람을 말하지요. 그러다 보니 이 시리즈에서는 추리물의 기법을 도입하게 되었어요. 매쓰브리지의 수학영재학교에 유학 온 두 명의 수학 영재와 매쓰브리지에서 벌어지는 일련의 사건들을 통해 수학 영재들에게 사고력을 요구하는 수학 문제에 접근하는 방식을 보여 줄 수 있었어요. 어린이들이 읽는 책이어서 성인 추리물처럼 잔인한 사건은 피했어요.

또한 이 책에서 페르와 매씨 두 친구는 어려운 문제를 함께 토론하여 해결할 뿐만 아니라 그것을 일반화하는 논문을 완성하여 자신들의 블로그에 올리는 활발한 활동을 하지요. 바로 이것이 제가 수학 영재들에게

당부하고 싶은 훌륭한 수학자가 되는 방식이에요. 이미 수학의 재미있는 내용을 블로그에 올리는 활동을 하는 친구들도 있을 거예요. 하지만 그보다 더 중요한 것은 초등 수학이나 중등 수학에서 배운 내용을 토대로 자신만의 일반화된 공식을 찾아 논문을 만들어 블로그에 올려 보는 것도 좋은 방법입니다. 그러다 보면 다른 수학 영재들이 블로그에 찾아와 자신의 이론에 대한 모순을 발견하고 지적할지도 모릅니다. 그런 과정에서 블로그지기는 진정한 수학 영재로 거듭나게 됩니다.

이런 점을 염두에 두고 이 시리즈를 완성했습니다. 두 명의 수학 영재와 함께 초등 수학의 다섯 영역을 다섯 권의 스토리로 만들었습니다.

1. 수와 연산

2. 도형

3. 문자와 식

4. 규칙성과 함수

5. 확률과 통계

이 시리즈를 읽고 어려운 수학 문제를 자신만의 방식으로 접근해 보세요. 그러면 즐거운 창의력 수학의 세계가 여러분 앞에 펼쳐질 것입니다.

끝으로 이 책이 나올 수 있도록 큰 배려를 해 주신 브릿지북스 사장님께 감사의 말을 전합니다.

정완상

추천사

　정완상 교수님이 쓰신 『수학 바이러스』의 추천사를 부탁받고서, 전에도 교수님이 쓰신 책을 재미있게 읽은 경험이 있던 터라 교수님께서 이번에는 또 어떤 재미있는 이야기로 수학을 펼쳐 나가실지 궁금했습니다. 원고를 읽으면서 "역시!"라는 감탄사를 연발하면서 어느덧 책의 내용 속으로 빠져 들어갔습니다.

　한 편의 탐정소설과 같은 이야기를 재미있는 수학 내용과 함께 이끌어 가는 방식은 기존의 다른 수학책과는 확연하게 구별되는 획기적인 것이라는 생각을 했습니다. 그리고 분명 우리 학생들에게 수학에 대한 흥미와 차원 높은 호기심을 불러일으키기에 충분하다는 확신이 들었습니다.

　수학도시 매쓰브리지에 있는 수학영재학교에 한국인 페르라는 남학생과 매씨라는 여학생이 입학을 하게 됩니다. 페르와 매씨는 학교에서 일어나는 미스터리한 사건들의 실마리를 차근차근 풀어나가고, 이 과정 속에서 흥미로운 수학 이야기가 펼쳐집니다.

수학은 대단히 재미있고 매력적인 학문이라고 생각합니다. 그러나 많은 사람들은 수학을 어려워하고 심지어는 두 번 다시 보고 싶지 않은 과목이라고도 생각합니다. 수학이 분명 공부하기 쉬운 과목은 아니지만, 다른 과목들에 비해 '끔찍한 과목'으로 취급받는 이유는 무엇일까요?

무슨 뜻인지 알 수 없는 이상한 기호들, 한줄 한줄 따라가기에도 벅찰 만큼 어렵게 전개되는 수식들……. 이러한 것들이 수학에 대해 막연한 공포를 느끼게 하는 것이 아닌가 생각합니다.

하지만 다소 어렵다고 느껴지는 내용도 몇 번 보면 쉬워질 수 있습니다. 이해하기 어렵거나 해결하기 어려울 때 며칠 덮어놓았다가 다시 들여다보고 또 덮어놓았다가 들여다보기를 반복하다 보면 어느덧 어려움

자체를 즐기게 되고 또 재미를 느끼게 되는 자신을 발견하게 될 것입니다.

 『수학 바이러스』에서 소개되는 '재미와 더불어 호기심을 불러 일으키는 수학적 문제 상황'은 이해하기 어려운 수학 문제들도 다시 들춰보고 싶게 하여 마침내 여러분을 신비한 수학의 세계로 안내해 줄 것이며 수학적 즐거움의 경지로 이끌어 줄 것입니다. 다시 말해 『수학 바이러스』는 자신을 영재라고 생각하든 그렇지 않든 수학을 '해 보고 싶다'는 생각을 가진 용기 있는 사람들을 위한 책입니다.

홍선호

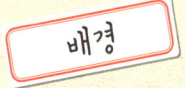

수학도시 매쓰브리지는 작은 도시이지만 수학 천재의 메카로 통한다. 오래된 건물들이 즐비한 700년 역사를 자랑하는 매쓰브리지 수학영재학교에는 해마다 전 세계의 내로라하는 수학 영재들이 몰려든다. 이곳에는 필즈메달이나 '수학의 노벨상'이라고 불리는 아벨상을 받은 수학 교수들이 많이 있다. 나이나 국적에 상관없이 특별 인터뷰만으로 학생을 선발하는 매쓰브리지 수학영재학교에 최초로 두 명의 한국인 학생이 입학했다. 어릴 때부터 '수학 천재' 소리를 들었던 페르라는 열두 살 소년과 동갑내기인 매씨라는 소녀가 그 주인공이다. 이곳의 학생들은 초등학생이나 중학생 정도의 나이지만 중고등학교 과정 수준의 수학 수업을 받는다. 또한 이곳의 수업은 다른 학교와는 달리 하나의 과목이 마무리되면 다음 과목을 수강하는 방식으로 진행된다. 두 학생은 수와 연산, 도형, 문자와 식, 규칙성과 함수, 확률과 통계를 차례로 배우게 되는데 매쓰브리지 캠퍼스에서 이상한 사건에 휘말리게 된다.

차례

들어가는 말 • 4

추천사 • 8

배경 • 11

힙합 소녀 매씨 _제논의 패러독스 • 14

수학유령의 등장 _문자식 • 25

협박 이메일 _방정식 1 • 35

여학생들이 위험해! _합동 • 53

셤즈 형사 출동 _방정식 2 • 70

네 번째 피해자 _복면산 • 81

알리바이를 찾아라 _속력 계산 • 96

수학유령의 정체 _닮음 • 106

부록

심화학습 • 126

힙합 소녀 매씨

제논의 패러독스 | ▼ 검색

"매씨, 어디 가?"

페르가 자전거를 타고 자신을 스쳐 지나가는 매씨에게 소리쳤다. '끼익' 하는 브레이크 소리가 들리며 매씨가 고개를 돌리고는 페르에게 말했다.

"리포트 해결해야 해. 네 시간 안에 제출하지 않으면 F야."

"그러게 미리미리 좀 해 두시지."

"동아리 공연 때문에 매일 밤 연습하느라 리포트 쓸 시간이 없었어."

매씨가 한숨 섞인 소리로 말했다. 매씨는 힙합 댄스 동아리 멤

버로, 이달 말에 동아리의 정기 공연을 앞두고 있었다.

"무슨 문제인데?"

페르가 자전거 쪽으로 다가가며 물었다.

"제논의 패러독스 문제야. 아킬레스와 거북이 있다고 생각해 봐. 거북이 아킬레스보다 앞서 출발하면 아킬레스가 아무리 빨라도 거북을 추월할 수 없다는 얘기야. 잘 이해가 안 돼."

매씨는 잠시 숨을 고르고는 다시 말을 이었다.

"거북이 아킬레스보다 먼저 출발했잖아? 거북이 아무리 느리다고 해도 아킬레스가 거북이 원래 있던 곳까지 오면 거북은 얼

마쯤은 전진해 있을 거야. 그러니까 거북이 아킬레스보다 앞서 있지. 다시 아킬레스가 거북이 앞서 있던 지점에 도달하면 거북은 얼마쯤 전진해 있을 테니까 다시 거북이 앞서 있을 거고. 이런 식의 논리대로라면 아킬레스는 거북을 영원히 추월할 수 없잖아? 그런데 이상해. 아무리 거북이 앞서 출발했다 하더라도 아킬레스가 거북을 쉽게 추월할 것 같은데 말이야."

매씨는 고개를 흔들었다. 도무지 앞뒤가 맞지 않아 보여서였다.

"어딘가 논리적 모순이 있을 것 같은데……."

페르가 생각에 잠긴 얼굴로 말했다.

"나도 그런 생각이 들어. 숫자를 넣어서 생각해 볼까?"

매씨가 자신 없는 투로 말했다.

"좋은 생각이야. 아킬레스의 속력은 초속 10m이고 거북의 속력은 초속 1m라고 하자. 그리고 거북이 100미터 앞에서 출발한다고 해 보는 거야."

페르가 잽싸게 말했다.

"먼저 아킬레스가 100m 뒤에 있으니까 100m를 따라잡을 때까지의 시간을 구해야 할 거야."

"시간은 거리를 속력으로 나눈 값이니까 아킬레스가 거북이 처음 있던 위치까지 가는 데는 10초가 걸려."

"하지만 그 시간 동안 거북도 10m를 전진하잖아?"

"그렇지. 10초 후에 거북은 아킬레스보다 10m 앞에 있는 거네. 같은 방법을 적용하면 다시 아킬레스가 10m를 가는 데 걸리는 시간은 1초가 돼."

"그 시간 동안 거북은 1m를 가니까 거북은 아킬레스보다 1m 앞에 있는 셈이고."

두 사람의 협력적인 토론이 계속되었다.

"다시 아킬레스가 1m를 가는 데 걸리는 시간은 0.1초이고."

"그 시간 동안 거북은 0.1m를 가니까 거북이 0.1m 앞에 있게 돼."

두 사람은 마치 역할이 뚜렷하게 나누어진 팀처럼 상대방의 말이 끝나기가 무섭게 자신의 말을 했다. 두 사람의 토론 결과, 이런 식으로 계속되면 아킬레스가 거북을 따라잡는 데 걸리는 시간을 T라고 하면

$$T = 10 + 1 + 0.1 + 0.01 + 0.001 + \cdots \text{(초)}$$

이 되는 셈이었다.

"만일 거북을 따라잡기 위해 무한한 시간이 필요하다면 아킬레스는 영원히 거북을 따라잡을 수 없어. 하지만 유한한 시간이 걸린다면 그 시간 후에 아킬레스는 거북을 따라잡게 되는 셈이지."

페르가 고민에 잠긴 표정으로 말했다.

"무한히 많은 수를 더했으니까 무한한 시간이 나오는 거 아니야?"

매씨가 별 생각 없이 툭 내뱉었다.

"꼭 그렇지는 않을 것 같아. T에 0.1을 곱해 봐. 그러면

$$0.1 \times T = 1 + 0.1 + 0.01 + 0.001 + \cdots \text{ (초)}$$

이 돼. 두 식으로부터

$$T = 10 + 0.1 \times T$$

가 되고, 양변에 똑같이 10을 곱하면

$$10 \times T = 100 + T$$

가 돼. 양변에서 똑같이 T를 빼 주면

$$9 \times T = 100$$

이 되고, 양변을 똑같이 9로 나누면

$$T = \frac{100}{9} = 11.111\cdots(초)$$

이 되니까 약 11.1초 후에 아킬레스는 거북을 따라잡을 수 있어."

페르가 긴 설명을 마쳤다.

"와우! 패러독스가 해결됐어."

매씨가 환희에 찬 얼굴로 말했다. 두 사람 다 수학 영재지만 각자 공부하는 내용이 달라서 어떤 내용은 페르만 알고 있고 어떤 것은 매씨만 알고 있는 경우가 많았다. 그때마다 두 사람은 토론을 통해 자신이 알고 있는 내용을 상대방에게 정확하게 알려 주곤 했다.

페르의 도움으로 매씨는 그날 저녁 전에 리포트를 완성했다. 두 사람은 카페테리아에서 샌드위치로 간단하게 저녁을 때우고는 도서관에서 제논의 패러독스와 관련된 책을 빌려 매씨의 방에 모였다.

책에는 아킬레스와 거북 문제를 포함한 여러 가지 유형의 제논의 패러독스 문제가 수록되어 있었다.

"매씨, 여길 봐."

페르가 어떤 페이지를 가리키며 말했다. 제논의 패러독스와 관

> 〈제논의 패러독스〉
>
> **문제_** 궁사가 과녁을 향해 화살을 쏠 때 시위를 떠난 화살은 절대로 과녁에 도달할 수 없다. 이 패러독스를 해결하라.

련된 새로운 문제가 적혀 있는 부분이었다. 문제는 다음과 같았다.

"왜 과녁에 도달하지 못한다는 거지?"

페르는 전혀 이해가 되지 않는다는 얼굴로 매씨를 쳐다보았다.

"아킬레스와 거북 문제처럼 숫자를 넣어 보는 게 좋을 거야. 궁사와 과녁 사이의 거리를 100m라고 해 봐. 그리고 화살의 속력을 초속 50m라고 해 보는 거야."

매씨가 제안했다.

"그러면 2초 후에는 화살이 과녁에 도착하잖아?"

"하지만 이렇게 생각해 봐. 화살이 50m를 갈 때까지 걸린 시간이 얼마야?"

"그야 1초지."

"그럼 50m의 절반인 25m를 갈 때까지 걸린 시간은?"

"0.5초."

"25m의 절반인 12.5m를 갈 때까지 걸린 시간은?"

"0.25초."

"맞았어. 그러니까 12.5m의 절반인 6.25m를 가는 데는 0.125초가 걸릴 거야. 이런 식으로 남은 거리의 절반을 가는 시간을 모두 더하면 화살이 과녁에 도착하는 데 걸리는 시간이 나올 거야. 그것은

$$1+0.5+0.25+0.125+\cdots (초)$$

가 되는데, $0.5=\frac{1}{2}$, $0.25=\frac{1}{4}$, $0.125=\frac{1}{8}\cdots$이 되니까 화살이 과녁에 도착하는 시간을 T라고 하면

$$T=1+\frac{1}{2}+\frac{1}{4}+\frac{1}{8}+\cdots (초)$$

이 돼. 그리고 양변에 $\frac{1}{2}$을 곱하면

$$\frac{1}{2}\times T=\frac{1}{2}+\frac{1}{4}+\frac{1}{8}+\cdots$$

이 되잖아. 이것을 첫 번째 식에 넣으면

$$T = 1 + \frac{1}{2} \times T$$

가 되고, 양변에 각각 2를 곱하면

$$2 \times T = 2 + T$$

가 돼. $2 \times T = T + T$ 니까

$$T + T = 2 + T$$

가 되고, 양변에서 T를 빼면 T = 2(초)가 되지."

 "맞아. 같은 방법을 쓰면 패러독스가 해결되는구나! 참 신기해. 무한히 많은 수를 더했는데도 무한히 큰 수가 나오지 않는다는 게 말이야."

 페르는 천진난만한 미소를 지으며 말했다.

 그날 저녁 두 사람은 제논의 패러독스를 일반화한 공식을 만들어 자신들의 논문 블로그에 올렸다.

📄 논문_

0<r<1일 때 $1+r+r^2+r^3+\cdots$에 대한 연구

– 페르와 매씨, KOREA

  이 논문에서 우리는 0<r<1일 때 $1+r+r^2+r^3+\cdots$의 값이 일정한 값으로 주어진다는 것을 증명해 보일 것이다. 무한히 많은 항이 더해지지만 0<r<1일 경우 r보다는 r^2이 작고 r^2보다는 r^3이 작다. 예를 들어, $r=\frac{1}{2}$이면 $r^2=\frac{1}{4}$, $r^3=\frac{1}{8}$이 된다.

이때 다음과 같이 놓자.

$$S=1+r+r^2+r^3+\cdots \quad (1)$$

이 식의 양변에 r을 곱하면

$$r \times S = r+r^2+r^3+\cdots \quad (2)$$

이 된다. 식 (2)를 식 (1)에 대입하면

$$S=1+r \times S$$

가 되고, 양변에서 $r \times S$를 빼면

$$S - r \times S = 1$$

이 되며, 좌변에서 $S = 1 \times S$이므로 분배법칙을 쓰면

$$S \times (1-r) = 1$$

이 된다. 그리고 양변을 $1-r$로 나누어 주면

$$S = \frac{1}{1-r}$$

이 된다. 그러므로 $0 < r < 1$일 때

$$1 + r + r^2 + r^3 + \cdots = \frac{1}{1-r}$$

이다.

수학유령의 등장

문자식 | ▼ 검색

"어떡하지? 도무지 공부에 집중이 안 돼. 내일이 문자식 시험 보는 날인데."

애니는 기숙사 책상 앞에 앉아서 수학책을 펼친 채 멍하니 창밖을 바라보며 넋두리를 했다. 영국 출신의 열네 살 소녀인 애니는 수줍음이 많은 성격으로, 시험 때만 되면 심하게 긴장해 정작 시험 전날에는 공부에 집중하지 못했다. 그래서 평소 실력과는 다르게 시험 점수는 형편없이 낮게 나왔다. 매쓰브리지 수학영재학교는 성적표가 학생과 부모에게 동시에 전송되기 때문에 애니는 최근 부모님으로부터 심한 꾸중을 들었다.

"이번에도 시험 점수가 나쁘면 아빠, 엄마가 크게 실망하실 텐데……."

애니는 한숨 섞인 소리로 중얼거렸다.

그때 '딩동' 하는 소리가 났다. 이메일이 도착했음을 알리는 신호음이었다.

"누구지?"

애니는 눈을 휘둥그레 뜨고 조심스럽게 이메일 아이콘을 클릭했다.

TO : 애니
FROM: 수학유령

내일 문자식 시험 문제와 정답은 다음과 같다.

⋮

(문제 9) 3^{240}과 2^{360} 중에서 더 큰 수는?
　(답) 3^{240}

(문제10) 꼭짓점이 다섯 개인 그래프에서 각 꼭짓점에 연결된 변의 개수가 3, 3, 3, 3, 2일 때의 그래프를 그려라.
　(답)

이상 열 문제이다. 도움이 되었기를 바란다.

"이게 뭐지? 무슨 장난 메일에 수학 문제가 적혀 있는 거야?"

애니는 모니터에 더 가까이 다가가 열 개의 문제를 찬찬히 훑어보았다. 내일 치르는 시험 범위에 해당되는 문제들이었다. 이상한 마음이 들었지만 혹시나 하여 문제와 정답을 머릿속에 기억해 두었다. 그러고는 다시 책을 펼쳤지만 찜찜한 내용의 이메일 탓인지 공부에 더욱더 집중하기 어려웠다.

"모르겠어. 이번에 또 성적이 안 좋으면 런던에 있는 일반 학교에 다시 갈래. 매쓰브리지는 나한테 어울리지 않는 것 같아."

애니는 체념하듯 툭 내뱉고는 침대에 몸을 던졌다. 그러고는 읽고 있던 소설책을 펼쳤다. 금세 잠이 스르르 밀려왔다. 눈을 떴을 때는 다음날 아침이었다.

"어떡하면 좋아……. 시험 공부를 하나도 못하고 그냥 자 버렸으니."

애니는 울먹거렸다. 하지만 시험 시간이 임박해 후회하고 어쩌고 할 시간도 없었다. 급하게 세수하고 옷을 챙겨 입고 가기에도 바쁜 시간이었다. 대충 고양이 세수를 하고 트레이닝복을 걸쳐 입고는 강의실로 뛰어가 자리에 앉았다.

잠시 후 담당 교수인 디오스 교수가 들어와 시험 문제를 나눠 주었다.

'으악!'

애니는 하마터면 비명을 지를 뻔했다. 어젯밤 이메일에서 본 열 문제가 그대로 시험에 나왔기 때문이다.

'어떻게 이런 일이 있을 수 있지? 도대체 누가 시험 문제를 빼돌린 거야? 그리고 왜 나한테 문제와 답을 알려 준 걸까?'

애니는 속으로 중얼거리면서 긴 머리카락을 만지작거렸다. 다른 아이들은 열심히 계산하는지 연필 소리가 귓가에 스쳐 지나갔다. 애니는 애써 문제를 풀 필요도 없었다. 이미 답을 다 알고 있었으니까. 한참을 망설이던 애니는 시험 종료 1분을 남기고 열 문제의 답을 이메일에서 본 대로 적었다.

애니는 이상야릇한 마음에 사로잡혀 누구와도 얘기할 기분이 아니었다. 애니는 서둘러 기숙사로 돌아갔다. 그리고는 컴퓨터를 켜서 어제 받은 이메일을 확인했다. 조금 전에 치른 시험 문제와 완전히 같은 문제들이었다. 점심때가 되었지만 애니는 전혀 식욕이 나지 않아 침대에 누운 채 자신에게 일어난 신기한 일에 대해 생각했다. 하지만 아무리 생각해도 도저히 이해가 가지 않는 일이었다.

"페르, 문자식 시험은 어땠어?"

매씨가 물었다.

"9번까지는 다 맞힌 것 같은데 10번 문제는 전혀 감이 오지 않았어. 시간도 좀 부족했고."

페르는 만점을 받지 못한 것이 억울한 듯 발로 땅을 툭 치며 말했다.

"그래도 90점이네. 난 두 개나 못 풀었는데……. 이번 시험은 조금 어려웠어. 특히 마지막 문제는 도저히 계산할 엄두가 안 났어. 틀림없이 만점은 없을 거야."

매씨는 페르의 어깨를 토닥이며 격려했다.

"그렇겠지?"

매씨의 칭찬에 페르는 기분이 한결 나아진 듯 씨익 웃으며 말했다.

"일단 시험 문제를 검토해 보자."

"난 이상하게 시험 때 못 푼 문제도 너하고 함께 토론하면 잘 풀려."

"그런 걸 시너지 효과라고 하는 거야."

두 사람은 서로 마주보고 빙긋 웃었다.

"9번 문제는 어떻게 풀지?"

매씨가 물었다.

"간단해. $3^{240}=(3^2)^{120}=9^{120}$이고, $2^{360}=(2^3)^{120}=8^{120}$이야. 그런데 $9^{120}>8^{120}$이니까 $3^{240}>2^{360}$이지."

페르가 어깨를 으쓱거리며 말했다.

"좋아. 이번에는 10번 문제를 토론해 볼까?"

매씨가 제안했다.

페르는 기억을 떠올려 가며 문제를 화이트보드에 적었다.

> [10번 문제] 꼭짓점이 다섯 개인 그래프에서 각 꼭짓점에 연결된 변의 개수가 3, 3, 3, 3, 2일 때의 그래프를 그려라.

"어떻게 시작해야 하지?"

매씨가 머리를 긁적였다.

"꼭짓점이 다섯 개이니까 오각형 그림이야."

페르는 이렇게 말하고는 오른쪽과 같이 오각형을 그렸다.

"모든 꼭짓점에 변이 두 개씩 연결되어 있어."

매씨가 말했다.

"그렇다면 하나의 꼭짓점에는 두 개의 변만 연결되게 하고 조건에 만족하도록 선을 더 그리면 안 될까?"

페르가 제안했다.

"그런 방법은 수학적이지 않아."

매씨가 톡 쏘아붙이듯 말했다.

"그럼 뭐가 수학적이란 거야?"

페르가 투덜댔다.

"모든 가능한 경우를 따져 보고, 조건에 맞는 것을 찾아야지."

"좋은 방법이긴 하지만 시간이 많이 걸릴 텐데……."

두 사람은 다섯 개의 꼭짓점을 그려 선을 연결할 수 있는 경우를 모두 조사했다. 그리고 이 과정을 자신들의 블로그에 올렸다.

📄 **논문_**

꼭짓점이 다섯 개인 그래프에서 각 꼭짓점에 연결된 변의 개수가 3, 3, 3, 3, 2인 그래프를 찾는 일반적인 방법

– 페르와 매씨, KOREA

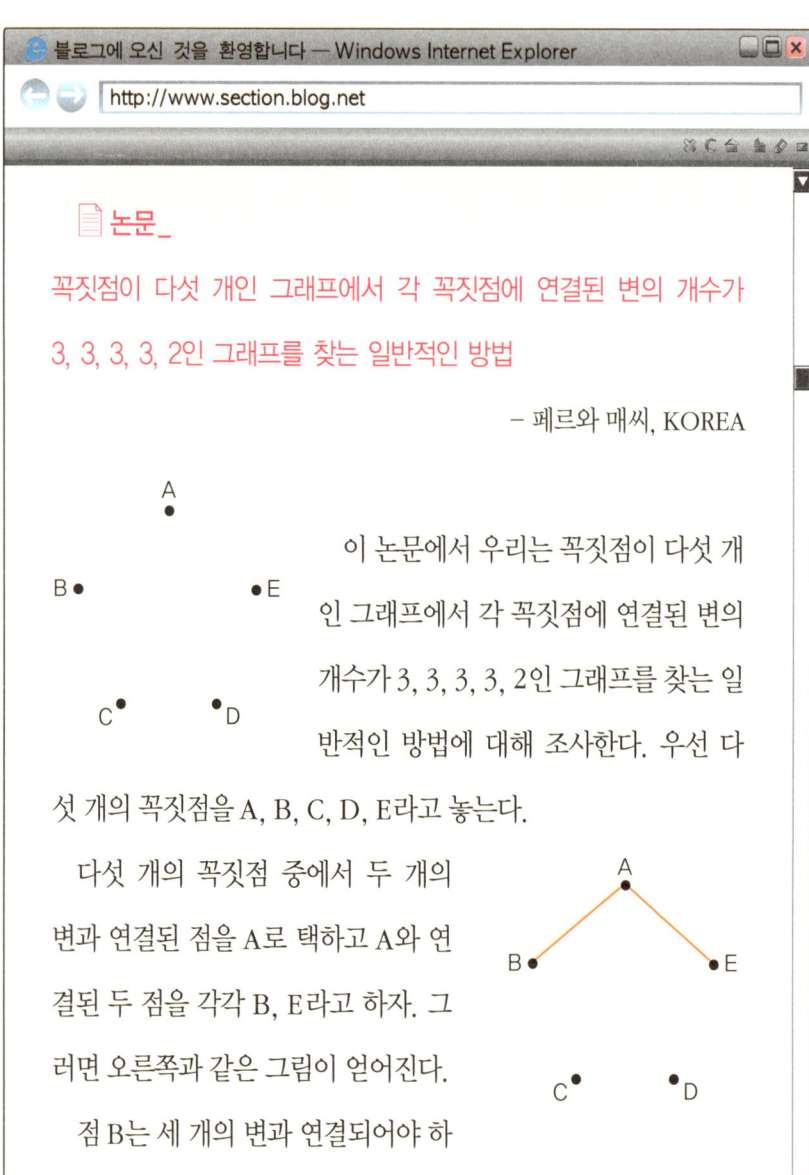

이 논문에서 우리는 꼭짓점이 다섯 개인 그래프에서 각 꼭짓점에 연결된 변의 개수가 3, 3, 3, 3, 2인 그래프를 찾는 일반적인 방법에 대해 조사한다. 우선 다섯 개의 꼭짓점을 A, B, C, D, E라고 놓는다.

다섯 개의 꼭짓점 중에서 두 개의 변과 연결된 점을 A로 택하고 A와 연결된 두 점을 각각 B, E라고 하자. 그러면 오른쪽과 같은 그림이 얻어진다.

점 B는 세 개의 변과 연결되어야 하므로 다음과 같은 가능한 그래프가 만들어진다.

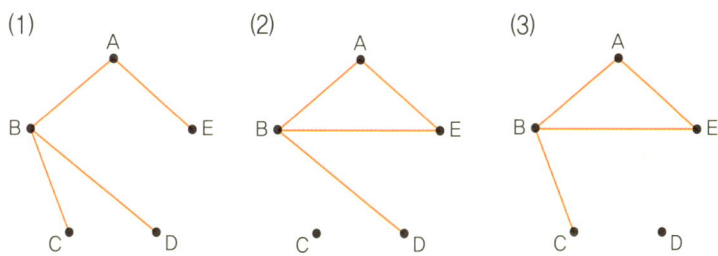

세 가지 경우 모두 A와 B는 이미 조건을 만족하므로 더 이상 다른 꼭짓점과 연결될 수 없다.

먼저 그림 (1)의 경우를 보자. C에 연결된 선이 세 개이므로 오른쪽과 같은 경우가 가능하다.

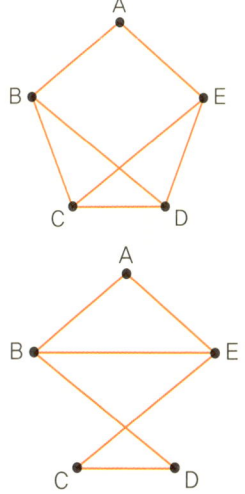

점 D에서도 선이 세 개 이어져야 하고 D와 연결할 수 있는 점은 E뿐이므로 왼쪽과 같은 그래프가 그려진다. 이 경우 점 E와 연결된 선도 세 개이므로 이 그래프는 주어진 조건을 모두 만족한다.

이번에는 (2)를 보자. 점 C와 연결할 수 있는 점은 D와 E뿐이므로 다음과 같은 그래프만이 가능하다. 이 그래프는 점 C가 두 개의 선과 연결되므로 조건을 만족시키지 않는다.

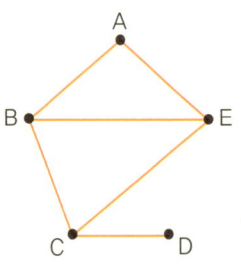

이번에는 (3)의 경우를 보자. 점 C와 연결할 수 있는 점은 D와 E뿐이므로 왼쪽과 같은 그래프만이 가능하다.

점 D는 점 E하고만 연결이 가능하므로 가능한 그래프는 아래와 같다. 이 그래프는 점 D가 두 개의 선과 연결되므로 주어진 조건을 만족하지 않는다.

그러므로 각 꼭짓점에 연결된 변의 개수가 3, 3, 3, 3, 2인 그래프는 아래와 같이 한 종류이다.

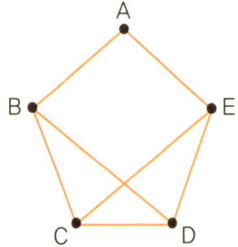

협박 이메일

방정식 1 | ▼ 검색

　매씨와 페르는 시험 공부에 지친 머리도 식힐 겸 스쿼시 코트로 갔다. 오전 시간인데도 벌써 많은 학생들이 스쿼시를 치고 있었다. 다행히 한 방이 비어 있어 두 사람은 옷을 간편하게 갈아입고는 벽 치기로 몸을 푼 다음 가볍게 시합을 했다. 페르의 3 : 0 완승이었다. 운동 신경이 조금 떨어지는 편인 매씨는 스쿼시 게임에서단 한 번도 페르를 이겨 본 적이 없었다. 페르의 강한 스매싱을 받아치기가 쉬운 일이 아니었기 때문이다. 개운하게 몸을 푼 다음 두 사람은 점심을 먹기 위해 기숙사에 있는 카페테리아로 갔다.

그때 교내 소식통으로 소문난 한스가 달려오더니 숨을 헉헉 몰아쉬며 말했다.

"얘들아, 시험 점수가 나왔어."

"페르가 1등이지?"

매씨가 빵 한 조각을 입에 넣으며 물었다.

"페르는 90점으로 2등이야."

한스가 페르의 얼굴을 흘깃 보더니 기어들어가는 목소리로 말했다. 한 번도 1등을 놓친 적이 없던 페르에게는 놀라운 소식임에 틀림없었다.

"그럼 만점이 나왔단 말이야?"

매씨가 놀란 눈으로 물었다.

"글쎄 애니가 만점을 받아서 1등이래."

한스가 조심스럽게 말했다.

"애니가? 애니는 단 한 번도 50점 이상을 넘어 본 적이 없잖아? 그런데 어떻게 이렇게 어려운 시험에서 만점을 받은 거지?"

매씨가 의아해하며 물었다.

"매쓰브리지에 입학한 사람이라면 누구나 만점을 받을 만한 능력이 있어. 애니가 이번에 엄청나게 시험 준비를 많이 했나 봐.

내가 10번 문제를 맞혔더라면 공동 1등이 되었을 텐데. 아무튼 매씨, 분발해야겠다. 항상 네가 여학생 중에서 1등이었는데 이번엔 애니에게 밀렸으니까 말이야."

페르가 약간 놀리는 투로 말했다. 두 사람은 갑자기 애니가 존경스럽게 여겨지는 한편 좀 더 열심히 공부하지 않으면 최고 점수로 매쓰브리지를 졸업하는 것이 쉽지 않을 거라는 느낌이 들었다. 페르와 매씨는 마음속으로 다음 시험에서는 절대로 실수하지 않겠다고 결심했다.

"애니에게 한턱내라고 해야겠어."

매씨가 마음이 진정된 듯 밝은 표정으로 말했다.

"그게 좋겠어. 하지만 만점 축하 선물은 우리가 준비해야겠지?"

페르도 입가에 환한 미소를 지었다. 한스는 두 사람의 표정이 어두웠다가 갑자기 밝아지는 것이 잘 이해가 되지 않는 듯 고개를 갸우뚱거리며 카페테리아 밖으로 사라졌다. 페르와 매씨는 선물가게에 가서 조그만 인형을 사서 애니의 방으로 갔다.

"애니, 나 매씨야."

매씨가 노크와 동시에 부드럽게 말했다.

"으악! 살려 줘요."

애니의 비명소리였다.

"어떻게 된 거지? 누군가 애니를 괴롭히고 있는 게 틀림없어."

페르는 이렇게 말하고는 문을 힘껏 잡아 당겼다. 다행히 문은 열려 있었다. 두 사람은 컴퓨터 앞에서 자지러지게 놀란 얼굴로 비명을 지르고 있는 애니를 발견했다.

"애니, 무슨 일이야?"

매씨가 바닥에 쓰러져 있는 애니를 부축해 침대에 눕혔다. 애니는 공포에 휩싸인 얼굴로 두 눈을 꼭 감고는 눈물을 흘리고 있었다.

페르는 아무 말 없이 모니터를 응시했다. 매씨도 페르의 등 뒤에 선 채 모니터를 보았다. 모니터에는 피가 뚝뚝 떨어지는 글씨로 다음과 같이 씌어 있었다.

> -애니양
> 당신이 사전에 열 개의 문제와 풀이를 알고 시험을 치러 만점을 받아 1등 했다는 것을 알고 있다. 이제 당신이 한 짓에 대해 모든 학생들과 교수가 알게 하겠다. 당신은 이제 매쓰브리지에서 추방될 것이다. 호호호~
> —수학유령

페르와 매씨는 공포에 휩싸인 얼굴로 서로를 쳐다보았다.

애니 사건 이후 학교 전체가 뒤숭숭해졌다. 학생들은 캠퍼스 곳곳에 모여 수학유령에 대한 얘기를 주고받았다. 하지만 학교 측에서는 아이들이 저지른 인터넷 소동이라고 생각하고 대수롭지 않게 여기는 눈치였다.

매씨와 페르는 디오스 교수의 강의를 듣기 위해 맨 앞자리에 앉았다. 수학유령 때문에 학생들의 얼굴은 상당히 굳어 있었지만 디오스 교수는 평소와 다름없이 강의를 시작했다.

"오늘은 방정식에 대한 강의를 하겠다. 방정식이란 식에서 모르는 값을 x라고 두고 x의 값을 결정하는 문제를 말한다. 예를 들어 보자. 내가 지금 주머니에 몇 개의 구슬을 가지고 있는데 어떤 사람이 나에게 똑같은 구슬 세 개를 주었다고 하자. 그래서 내가 가진 구슬이 모두 18개가 되었다면 내가 처음에 갖고 있던 구슬은 몇 개가 될까?"

"15개입니다."

독일 출신의 테디가 자신 있게 대답했다.

"어떻게 풀었지?"

디오스 교수가 테디에게 다가가 물었다.

"15+3=18이므로 처음에 갖고 있던 구슬은 15개입니다."

테디는 잔뜩 위축된 얼굴로 대답했다.

"방정식을 이용한 것은 아니군! 이 경우 처음에 내가 가지고 있던 구슬의 수를 모르니까 그 수를 x라고 하면 세 개의 구슬을 더 받은 후 내가 가진 구슬의 개수는 $x+3$(개)이 되고 그것이 18개와 같으니까 이걸 식으로 쓰면

$$x+3=18$$

이 되지. 이렇게 x를 포함하고 있는 등식을 '방정식'이라고 한다. 그리고 등호의 왼쪽에 있는 식 $x+3$을 '좌변'이라고 부르고, 오른쪽에 있는 식 18을 '우변'이라고 불러. 좌변과 우변을 합쳐서 '양변'이라고 부르지. 여기서 x의 값을 결정하는 것을 방정식을 푼다고 하고, 결정된 x의 값을 '방정식의 해'라고 불러. 자! 그럼 이 방정식의 해를 구하는 방법을 알아볼까? 이때는 등식의 성질을 이용하면 돼. 어떤 등식의 양변에 똑같은 수를 더하거나 빼거나 곱하거나 0이 아닌 수로 나누어도 달

라지지 않는다는 게 바로 등식의 성질이지."

디오스 교수는 이렇게 말하고는 다음 화면을 보여 주었다.

A=B이면 다음 등식이 성립한다.
(1) A+k=B+k (k는 임의의 수)
(2) A-k=B-k (k는 임의의 수)
(3) A×k=B×k (k는 임의의 수)
(4) A÷k=B÷k (k는 0이 아닌 임의의 수)

"이 성질을 이용하여 방정식 $x+3=18$을 풀어 보자. 양변에서 똑같이 3을 빼면

$$x+3-3=18-3$$

이 돼. 그런데 $3-3=0$이니까

$$x=18-3=15$$

가 되어 내가 처음에 가지고 있던 구슬의 수는 15개가 되는 것이지. 이렇게 문장으로 주어진 식에서 모르는 값을 x라고 두고 식을 세운 후 등식의 성질을 이용하면 x의 값을 구할 수 있다."

디오스 교수가 모두를 둘러보며 말했다. 디오스 교수의 방정식

수업은 계속되었다. 학생들은 처음 접해 보는 방정식의 매력에 흠뻑 빠져들었다. 수업이 끝나갈 즈음 디오스 교수는 팀별 과제를 나누어 주었다. 매씨와 페르가 받은 과제는 다음과 같았다.

> 수학자 디오판토스의 묘비에는 그의 유언에 따라 다음과 같은 글이 씌어 있다.
>
> "지나가는 나그네여. 이 비석 밑에는 디오판토스가 잠들어 있소. 그의 생애를 수로 말하겠소. 일생의 $\frac{1}{6}$은 소년으로 살았고, $\frac{1}{12}$은 청년으로 살았소. 그 뒤 다시 일생의 $\frac{1}{7}$을 혼자 살다가 결혼하여 5년 후 아들을 낳았고, 아들은 아버지의 생애의 $\frac{1}{2}$을 살다가 죽었고, 아들이 죽고 4년 뒤에 디오판토스는 일생을 마쳤소."
>
> 이 유언에 따르면 디오판토스는 몇 년을 살았는가?

두 사람은 과제를 해결하기 위해 자전거를 타고 카페 엔젤로 향했다. 매쓰브리지의 외곽에 위치한 카페 엔젤은 사방이 유리창으로 되어 있는 1층짜리 건물이었다. 건물 안은 중세 시대의 수학자들이 쓴 책이나 논문이 전시되어 있는 고풍스러운 모습이어서 매쓰브리지의 자랑거리 중의 하나였다. 두 사람은 분수가 뿜어져 나오는 연못이 펼쳐진 창가 쪽에 자리를 잡고 앉아 레몬티 두 잔을 주문했다.

"문제가 너무 어려워!"

매씨가 울먹이는 소리로 말했다.

"차근차근 해결하면 될 거야. 매씨! 수학 영재가 이 정도 문제에 기죽을 순 없잖아?"

페르가 단호하게 말했다.

"하긴……."

매씨는 조금 안정을 찾은 목소리로 말했다. 그러고는 가방에서 공책을 꺼내 교수가 내 준 문제를 다시 적었다.

"방정식을 이용하면 될 것 같아."

페르는 매씨가 공책에 쓴 문제를 흘깃 보며 말했다. 그사이에 카페 엔젤의 종업원이 다가와 두 사람 앞에 레몬티를 내려놓았다. 두 사람은 새콤한 레몬티를 마시며 다시 문제에 집중했다.

"어떤 것을 x로 두지?"

매씨가 물었다.

"디오판토스의 나이를 구해야 하니까 그걸 x로 둬야 해."

페르가 말했다.

"나도 그렇게 생각했어. 그렇다면 일생의 $\frac{1}{6}$은 소년으로 살았으니까 디오판토스가 소년으로 산 시간은 $\frac{1}{6} \times x$가 되겠군!"

"맞아. 일단 디오판토스의 일생은 다음처럼 정리할 수 있어."

페르는 다음과 같은 표를 만들었다.

시 기	시 간
소년 시절	A
청년 시절	B
혼자 산 시절	C
결혼해 아들이 없던 시절	D
아들과 함께 산 시절	E
아들이 죽고 난 후 산 시절	F

"표를 보니까 벌써 답이 보이는 거 같은데……? 그러니까 디오판토스의 나이는

A+B+C+D+E+F

가 돼."

매씨가 한결 여유로운 표정으로 말했다.

"이제 A, B, C, D, E, F를 디오판토스의 나이인 x로 나타내면 될 거야. 소년 시절은 네 말대로 $\frac{1}{6} \times x$가 되니까 $A = \frac{1}{6} \times x$이고, 청년 시절은 일생의 $\frac{1}{12}$을 살았으니까

$$B = \frac{1}{12} \times x$$

가 돼."

"또 혼자 산 시절은 일생의 $\frac{1}{7}$이니까

$$C = \frac{1}{7} \times x$$

가 되겠지."

"혼자 살다가 결혼하여 5년 후 아들을 낳았으니까 결혼 후 아들 없이 산 시절은 5년이야. 그러니까 D = 5가 돼."

"그리고 아들이 아버지 생애의 $\frac{1}{2}$을 살다가 죽었으니까 아들이 산 시간은 $\frac{1}{2} \times x$이고 이것은 디오판토스가 아들과 함께 산 시간과 같으니까 $E = \frac{1}{2} \times x$야."

"마지막으로 아들이 죽고 4년 뒤에 디오판토스가 일생을 마쳤으니까 F = 4가 되겠군!"

두 사람은 약속이나 한 것처럼 교대로 계산한 결과를 하나씩

말했다. 그러자 페르가 처음 만들었던 표는 다음처럼 바뀌었다.

시 기	시 간
소년 시절	$\frac{1}{6} \times x$
청년 시절	$\frac{1}{12} \times x$
혼자 산 시절	$\frac{1}{7} \times x$
결혼해 아들이 없던 시절	5
아들과 함께 산 시절	$\frac{1}{2} \times x$
아들이 죽고 난 후 산 시절	4

이 표에 따라 각 시기마다 걸린 시간을 모두 합치면 디오판토스의 나이가 되고, 나이를 x라고 했으므로

$$x = \frac{1}{6} \times x + \frac{1}{12} \times x + \frac{1}{7} \times x + 5 + \frac{1}{2} \times x + 4$$

가 되고, 좀 더 간단하게 정리하자 다음과 같이 되었다.

$$x = \frac{1}{6} \times x + \frac{1}{12} \times x + \frac{1}{7} \times x + \frac{1}{2} \times x + 9$$

"너무 복잡해! 이 식으로 x의 값을 어떻게 구하지?"

매씨가 한숨을 내쉬었다.

"나도 감이 안 와! 하지만 틀림없이 이 방정식을 만족하는 x는 존재할 거라 믿어."

페르가 차분하게 말했다. 하지만 페르도 자신이 별로 없어 보이는 눈치였다.

"분수가 있어서 어려워 보이는데 등식의 성질을 이용하여 분수를 없애 보는 게 어떨까?"

"등식의 양변에 같은 수를 곱해도 달라지지 않는다는 성질 말이지?"

"응."

"어떤 수를 곱하지?"

"6으로도 12로도 7로도 2로도 약분되는 수를 택하면 될 거야."

"그렇다면 6과 12, 7과 2의 최소공배수를 택하면 되겠는 걸? 최소공배수는 84니까 양변에 84를 곱하면 돼."

두 사람은 토론을 통해 얻은 결과로 주어진 방정식의 양변에 똑같이 84를 곱해 주었다. 그러자 방정식은 다음과 같이 되었다.

$$84 \times x = 84 \times \frac{1}{6} \times x + 84 \times \frac{1}{12} \times x + 84 \times \frac{1}{7} \times x + 84 \times \frac{1}{2} \times x + 84 \times 9$$

그리고 약분을 한 결과 다음과 같이 바뀌었다.

$$84 \times x = 14 \times x + 7 \times x + 12 \times x + 42 \times x + 756$$

"이제 어떻게 하지? 분수가 없어서 조금 간단해지긴 한 것 같은데 수들이 너무 커서 어떻게 풀어야 할지 모르겠어."

매씨가 징징거리는 소리로 말했다.

"매씨! 가우싱 교수님에게 배운 분배법칙 기억 안 나?"

페르가 무언가 생각이 난 듯 매씨를 빤히 쳐다보며 물었다.

"$a \times b + a \times c = a \times (b+c)$ 말이지?"

"그래! 그걸 이용하는 거야. $14 \times x + 7 \times x + 12 \times x + 42 \times x$는 모든 항이 x와의 곱으로 되어 있으니까 분배법칙을 쓸 수 있어. 즉,

$$14 \times x + 7 \times x + 12 \times x + 42 \times x = (14+7+12+42) \times x = 75 \times x$$

이니까 방정식은

$$84 \times x = 75 \times x + 756$$

이 돼."

"이제 양변에서 $75 \times x$를 빼면

$$84 \times x - 75 \times x = 75 \times x - 75 \times x + 756$$

이 되고, 좌변에서 분배법칙을 쓰면

$$(84-75) \times x = 756$$

이 되어, 괄호 안을 계산하면

$$9 \times x = 756$$

이 돼."

"다 끝났어. 이제 등식의 성질을 이용해 양변을 9로 나누면 돼. 그러면 x는 84가 되니까 디오판토스의 나이는 84세야."

두 사람은 기나긴 토론 끝에 과제를 완벽하게 해결했다. 두 사람이 토론한 내용을 토대로 리포트를 작성하는 것은 컴퓨터 도사 페르의 몫이었다. 페르는 숙달된 솜씨로 토론 내용을 정리한 다음 파워포인트 파일로 만들어 디오스 교수에게 이메일을 보냈다.

여학생들이 위험해!

합동 | ▼ 검색

　디오스 교수는 수업 시간 중에 시험을 자주 보는 것으로 유명했다. 그래서인지 학생들은 수업 시간마다 항상 초긴장 상태였다. 주로 그날 배운 내용에서 문제가 출제되지만 영재를 찾으려는 의지가 강한 디오스 교수는 쉽게 해결할 수 없는 문제를 자주 내는 편이었다.

　"딩동! 메일이 왔습니다."

　린다의 컴퓨터에서 이메일 도착을 알리는 음성이 울렸다. 영국에서 온 린다는 다른 학생들보다는 수학 실력이 약한 편이었다. 그도 그럴 것이 린다는 수학보다는 힙합 동아리 활동에 푹 빠져 있어 수업이 끝나기가 무섭게 동아리 방으로 달려가 하루에 대여섯 시간씩 연습을 하는 통에 공부할 시간이 제대로 나지 않은 탓이었다.

"누구지?"

린다는 조심스럽게 이메일을 열었다.

"헉!"

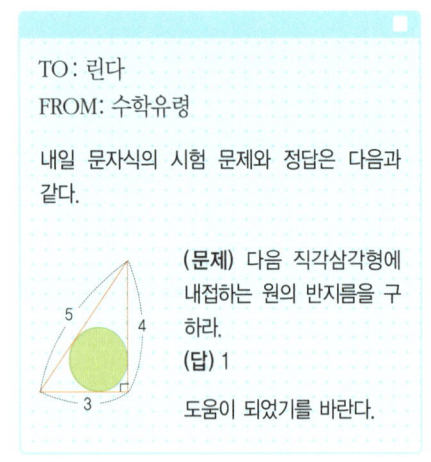

린다는 이메일 내용을 보고는 숨넘어가는 소리를 내질렀다.

"수학유령? 누가 이런 장난을 치는 거지?"

린다는 코웃음을 쳤다. 린다는 아직까지 애니 사건에 대해 모르고 있었다.

"가만! 혹시 이 문제가 진짜로 내일 시험에 나올지도 모르잖아? 하지만 답만 적어내면 점수를 받을 수 없을 텐데……. 어떡하지? 어떻게 풀어야 할지 도무지 감이 안 잡혀!"

린다는 한껏 울상을 지었다. 그때 갑자기 노크 소리가 들렸다.

린다는 잽싸게 문제를 공책에 베껴 적고 컴퓨터를 끄고는 문을 열었다. 문 앞에는 페르가 서 있었다.

"페르! 무슨 일이야?"

린다는 아무 일도 없었던 것처럼 태연하게 물었다.

"너하고 상의할 게 있어서."

페르가 진지하게 말했다.

"뭔데? 일단 들어와!"

린다는 이렇게 말하고는 방 한가운데에 있는 원탁에 페르와 마주 앉았다.

"이번 힙합 공연을 조금 연기하면 어떨까?"

페르가 미안한 표정을 지으며 말했다.

"그건 왜?"

린다가 눈꼬리를 치켜 올리며 약간 화난 얼굴로 말했다.

"개인적으로 준비하는 논문이 있는데 시간이 부족해서 그래."

페르가 사정하듯 말했다.

"이번 공연은 내 힙합 인생에서 가장 중요한 작품이야. 힙합 스타일의 뮤지컬을 완성하는 것이니까. 그리고 네가 출연하는 분량은 그리 많지도 않잖아?"

린다는 목에 핏대를 세우고 말했다. 힙합 동아리의 회장인 린다는 힙합과 고전음악을 접목시키는 새로운 시도를 위해 스스로 힙합 뮤지컬 대본을 썼다. 자신은 그 뮤지컬의 주인공인 건들공주 역을 맡았고, 아직 힙합의 초보자인 페르는 그녀를 호위하는 여러 명의 무사 가운데 한 명의 역할을 맡고 있었다. 뮤지컬에 관련된 대부분의 일은 회장인 린다가 결정했기 때문에 페르는 밤늦은 시각에 린다의 방에까지 찾아온 것이다. 잠시 동안 두 사람은 아무 말도 없었다. 무거운 침묵을 먼저 깬 것은 린다였다.

"좋아. 그럼 수학 문제 하나만 가르쳐 줘."

린다가 크게 선심 쓰는 표정을 지으며 툭 내뱉었다.

"어떤 문제인데?"

페르는 환하게 웃으며 물었다.

린다는 페르에게 이메일에 적혀 있던 문제를 알려 주었다. 페르는 그림을 뚫어지게 보고는 힘없는 목소리로 말했다.

"이런 문제는 처음 접해 보는데……."

"교수님들이 입에 침이 마르도록 칭찬하는 네가 못 풀면 누가 풀겠니?"

린다가 비아냥거렸다.

"좋아, 그럼 같이 풀어 보자."

"오케이!"

"우선 원이 내접한다는 것은 삼각형의 각 변의 한 점에서 만난다는 거야. 그리고 원 밖의 한 점에서 원에 그은 두 접선의 길이는 같잖아?"

"왜 그런 거지?"

"오른쪽 그림을 봐. 원의 중심을 O라고 하고 원

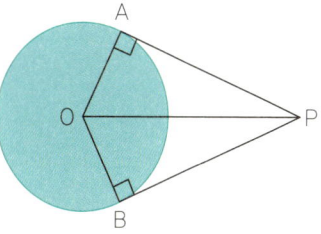

밖의 한 점을 P라고 해 봐. 그리고 P에서 원에 그은 두 접선과의 교점을 각각 A, B라고 하면 이때 AP의 길이와 BP의 길이는 같아. 그건 삼각형 AOP와 삼각형 BOP가 합동이기 때문이지. 합동인 두 삼각형에서는 서로 대응하는 변의 길이가 같거든."

"두 삼각형이 왜 합동이지?"

"원에서 반지름과 접선은 서로 수직으로 만나. 그러니까 각 OAP와 각 OBP는 모두 직각이야. 그리고 OA와 OB는 원의 반지름으로 길이가 같고, OP는 두 삼각형에 공통인 변이니까 길이가 같지. 직각삼각형에서는 항상 피타고라스 정리가 성립하니까 두 변의 길이가 같으면 나머지 한 변의 길이도 같아져. 그러니까

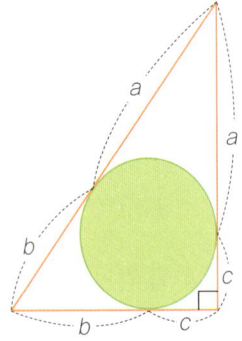

두 삼각형 OAP와 OBP는 세 변의 길이가 같아. 그래서 합동이야. 그래서 AP의 길이와 BP의 길이가 같아지지."

"그 성질을 이용할 거야?"

"물론이야. 우선 세 변의 길이 대신 삼각형의 세 꼭짓점에서

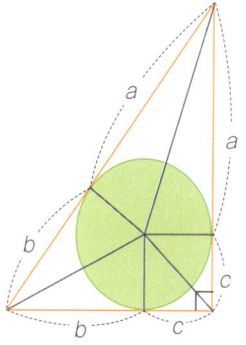

접하는 점까지의 거리를 왼쪽과 같이 a, b, c라고 놓아 봐.

그러면

$a+b=5$

$b+c=3$

$c+a=4$

가 된다는 것을 알 수 있지."

"구하라는 것은 내접원의 반지름이잖아?"

"물론. 내접원의 반지름을 r이라고 해 봐. 그리고 왼쪽 그림을 봐.

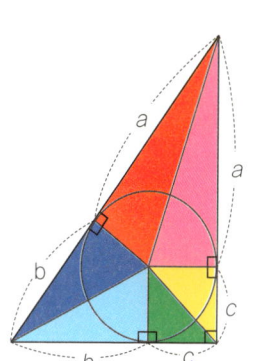

여섯 개의 삼각형이 생기지? 그런데 원의 반지름과 접선은 수직이니까 이 여섯 개의 삼각형은 모두 직각삼각형이야. 이 여섯 개의 삼각형을 다른 색으로 나타내 보는 거야.

빨간색 삼각형과 분홍색 삼각형은 합동이니까 넓이가 같아. 그리고 이 두 삼각형은 높이가 r이고 밑변의 길이가 a이니까 두 삼각형의 넓이의 합은 $a \times r$이 돼. 마찬가지로 파란색 삼각형과 하늘색 삼각형도 합동이니까 넓이가 같으며, 두 삼각형은 높이가 r이고 밑변의 길이가 b이니까 두 삼각형의 넓이의 합은 $b \times r$이 돼."

"그럼 노란색 삼각형과 초록색 삼각형도 합동으로 넓이가 같으니까 두 삼각형의 넓이의 합은 $c \times r$이 되겠구나?"

"맞아. 그러니까 여섯 개의 삼각형의 넓이의 합은

$$(a \times r) + (b \times r) + (c \times r)$$

이 되고, 이것은 밑변의 길이가 3이고 높이가 4인 직각삼각형의 넓이와 같으니까

$$(a \times r) + (b \times r) + (c \times r) = \frac{1}{2} \times 3 \times 4 = 6$$

이 되지. 여기서 분배법칙을 이용하면

$$(a + b + c) \times r = 6$$

이 돼."

"하지만 a, b, c의 값은 알 수 없잖아?"

"그건 간단해. $a+b=5$, $b+c=3$, $c+a=4$이니까 세 식을 변끼리 더해 봐."

"$(a+b)+(b+c)+(c+a)=5+4+3$."

"좋아. 그걸 간단하게 정리하면

$$2×a+2×b+2×c=12$$

가 되고, 분배법칙을 이용하면

$$2×(a+b+c)=12$$

가 돼. 그런 다음 양변을 2로 나누면

$$a+b+c=6$$

이 되지."

"우와! $a+b+c$의 값이 나왔어. 그럼 $(a+b+c)×r=6$에 $a+b+c=6$을 대입하면 $6×r=6$이니까 양변을 6으로 나누어 주면 $r=1$. 그러니까 내접원의 반지름은 1이야!"

린다가 환호성을 질렀다.

"그럼 이제 공연은 연기해 주는 거지?"

그 틈을 타서 페르가 애교스럽게 물었다.

"물론이야. 얼마든지 미뤄도 돼."

린다는 한 손을 페르 쪽으로 뻗으며 함박웃음을 지었다. 장시간의 토론을 끝내고 임무를 완수한 페르는 자신의 방으로 돌아갔다. 린다는 페르와 토론하면서 알아 낸 풀이법을 다시 정리해 보고는 장난 이메일이 가르쳐 준 문제가 내일 시험에 나오면 얼마나 좋을까 하는 상상을 하며 깊은 잠에 빠졌다.

다음날 아침, 디오스 교수의 수업은 두 시간짜리였다. 수업 시간을 30분 정도 남기고 디오스 교수는 서류 봉투에서 시험 문제지를 꺼내 학생들에게 나누어 주었다.

'이 문제는?'

린다는 하마터면 큰 소리를 지를 뻔했지만 간신히 참았다. 놀란 표정을 짓기는 페르도 마찬가지였다. 학생들은 생전 처음 보는 문제를 어떻게 풀어야 할지 몰라 당황한 기색이었다. 시험이 끝나고 페르는 얼빠진 사람처럼 혼자 복도를 걸었다.

"페르!"

매씨가 소리쳤지만 페르의 귀에는 아무 소리도 들리지 않았다.

"페르!"

매씨가 좀 더 큰 목소리로 불렀지만 역시 아무 반응을 보이지

않았다. 화가 머리끝까지 치민 매씨는 전속력으로 달려가 페르의 등을 철썩 때렸다.

"무슨 일이야?"

페르가 힘없는 목소리로 매씨에게 물었다. 평소 같으면 크게 화낼 법도 한데 페르는 담담한 표정으로 매씨에게 대꾸했다. 아파하거나 화를 내는 것 같지도 않았다.

"무슨 일 있어?"

매씨가 걱정스러운 눈으로 물었다.

"지금은 아무 말도 하고 싶지 않아."

페르는 이렇게 말하고 매씨를 뿌리치고는 잰걸음으로 사라졌다.

"문제를 못 풀었나? 왜 저렇게 얼이 빠졌지? 이 정도 문제를 못 풀 페르가 아닌데……."

매씨는 고개를 절레절레 흔들었다. 갑자기 이상해진 페르의 행동을 이해할 수 없어서였다.

다음날 아침, 매씨는 걱정이 되어 페르의 방에 찾아갔다.

"페르, 혹시 소문 들었어?"

매씨가 침대에 누워 멍하니 천장을 바라보고 있는 페르를 흔들어 깨우며 말했다.

"무슨 소문?"

페르가 눈만 껌벅거리며 힘없는 목소리로 되물었다.

"린다 알지? 린다가 어젯밤에 응급실에 실려 갔대."

매씨가 조용히 말했다.

"린다가?"

페르는 깜짝 놀란 눈으로 자리에서 벌떡 일어났다. 그리고 매씨에게 전날 린다의 방에서 일어난 믿어지지 않는 일에 대해 말해 주었다.

"혹시 수학유령의 이메일을 받은 거 아닐까?"

매씨가 소름이 돋은 표정으로 말했다.

"그럴지도 몰라."

페르가 자리에서 일어나 매씨와 시선을 맞추었다. 두 사람의 눈빛은 직접 유령을 보기라도 한 것처럼 두려움에 떨고 있었다.

"일단 린다의 방에 가 보자."

매씨가 제안했다.

"그게 좋겠어."

두 사람은 서둘러 린다의 방으로 향했다. 마침 린다의 방은 열려 있었다. 매씨와 페르는 조심스럽게 린다의 컴퓨터 앞으로 걸

어갔다.

"으악!"

매씨가 비명을 질렀다. 컴퓨터에는 피로 물든 글씨가 씌어 있었다.

"역시 수학유령의 짓이었어."

페르가 떨리는 목소리로 말했다.

"간단하게 볼 사건이 아니었어."

매씨의 목소리도 부들부들 떨리고 있었다.

"왜 여학생들에게만 이런 일이 일어나는 거지?"

페르가 고개를 갸웃거렸다.

"사건은 두 번밖에 일어나지 않았잖아? 피해자가 모두 여학생이라고 해서 여학생에게만 사건이 일어난다고 생각하는 것은 논리적 비약인 것 같아."

매씨가 턱에 손을 괸 채 심각한 얼굴로 말했다.

"그렇겠군."

페르가 잽싸게 동의했다.

그날 저녁, 두 사람은 시험에 나온 문제와 유사한 새로운 방정식 문제를 해결해 자신들의 수학 블로그에 올렸다.

논문_

네 개의 미지수를 갖는 대칭형 방정식의 해법

— 페르와 매씨, KOREA

이번 논문에서는 네 개의 미지수를 갖고 있고, 그중 세 개의 미지수의 합에 대해 알고 있는 대칭형 방정식에서 네 개의 미지수를 구하는 방법을 연구한다.

네 개의 미지수를 a, b, c, d라고 하자. 네 개의 미지수 중에서 세 개의 미지수를 뽑는 방법은 네 가지 경우이다. 이때 다음과 같은 관계가 있다고 하자.

$$a+b+c=k$$
$$a+b+d=l$$
$$a+c+d=m$$
$$b+c+d=n$$

이 네 개의 방정식을 동시에 만족하는 a, b, c, d를 결정하는

방법을 찾아보자. 주어진 네 개의 식을 변끼리 더하면

$$(3 \times a) + (3 \times b) + (3 \times c) + (3 \times d) = k + l + m + n$$

이 되고, 좌변에 대해 분배법칙을 쓰면

$$3 \times (a + b + c + d) = k + l + m + n$$

이 된다. 양변을 3으로 나누면

$$a + b + c + d = \frac{k + l + m + n}{3}$$

이 된다. 한편 $b + c + d = n$을 위 식에 대입하면

$$a + n = \frac{k + l + m + n}{3}$$

이 되므로 양변에서 n을 빼 주면

$$a = \frac{k + l + m + n}{3} - n$$

이 된다. 한편 $n = \frac{3 \times n}{3}$ 이므로

$$a = \frac{k + l + m + n}{3} - \frac{3 \times n}{3}$$

이 되어 이것을 정리하면

$$a = \frac{k+l+m+n-3\times n}{3}$$

이 된다. 한편 $n = 1 \times n$과 같으므로

$$n - 3 \times n = 1 \times n - 3 \times n = (1-3) \times n = -2 \times n$$

이 되어, 구하는 값

$$a = \frac{k+l+m-2\times n}{3}$$

이 된다. 같은 방법으로 b, c, d를 구하면

$$b = \frac{k+l+n-2\times m}{3}$$

$$c = \frac{k+m+n-2\times l}{3}$$

$$d = \frac{l+m+n-2\times k}{3}$$

가 된다.

섭즈 형사 출동

방정식 2 | 검색

"매씨, 시험 잘 봤어?"

페르는 디오스 교수의 수시고사를 치르고 강의실을 빠져나가는 매씨를 불러 세웠다. 그날도 디오스 교수는 수업이 끝나기 20분 전쯤에 다섯 개의 문제가 적힌 문제지를 학생들에게 나누어 주었다.

"대충 다 맞은 것 같은데, 5번 문제가 맞는지 잘 모르겠어."

매씨가 약간 불안해하는 얼굴로 말했다.

"맞아. 5번 문제는 처음 보는 유형이었어."

페르가 고개를 끄덕였다.

"우리, 5번 문제에 대해 토론해 볼까?"

매씨가 환하게 미소 지으며 말했다. 학생들이 모두 빠져나간 뒤여서 강의실에는 두 사람뿐이었다. 두 사람은 칠판 앞으로 다가갔다. 페르가 기억을 떠올려 가며 시험에 나온 5번 문제를 칠판에 적었다. 다음과 같은 문제였다.

> [5번 문제] 물이 가득 차 있는 어항에 막대 A, B를 똑바로 세웠더니 A막대의 $\frac{1}{3}$, B막대의 $\frac{1}{4}$이 물 위로 나왔다. 두 막대의 길이의 합이 340cm일 때 물의 깊이는 얼마인가?

"나는 방정식을 이용했어."

페르가 매씨를 힐긋 보며 말했다.

"나도."

매씨도 고개를 끄덕거렸다.

"일단 모르는 것이 물의 깊이니까 물의 깊이를 $x$cm라고 두었어."

페르가 손으로 턱을 괴고는 생각에 잠긴 표정으로 말했다. 자신의 풀이 과정에 대해 완벽한 확신은 갖지 못하는 듯했다.

"이 문제에서는 막대가 물에 잠겼을 때 물 위로 튀어나온 길이와 물의 깊이 사이의 관계를 알아야 해."

매씨가 자신 있게 말했다.

"물의 깊이가 20cm일 때 물 위로 튀어나온 막대의 길이가 5cm라면 막대의 길이는 20+5=25(cm)야."

"물의 깊이와 물 위에 튀어나온 막대의 길이의 합은 항상 막대의 길이와 같아지는구나?"

"그래. 그럼 A막대의 $\frac{1}{3}$이 물 위로 튀어나왔다면 물속에 잠긴 부분은 막대 전체 길이의 $\frac{2}{3}$가 돼."

"A막대의 길이를 L이라고 두는 게 좋을 거 같아."

"맞아. 그렇다면 물 위로 튀어나온 막대의 길이는 $\frac{1}{3} \times L$, 물의 깊이는 x, 막대 전체의 길이는 L이니까

$$L = \frac{1}{3} \times L + x$$

가 돼. 양변에서 $\frac{1}{3} \times L$을 빼면

$$x = \frac{2}{3} \times L \quad (1)$$

이 돼."

"L을 모르는데 어떻게 물의 깊이를 알지?"

매씨가 고개를 절레절레 흔들었다.

"두 막대의 길이의 합에 대한 정보가 있잖아. 우선 막대 A의 길이를 L로 나타낸 다음 식 (1)의 양변에 $\frac{3}{2}$을 곱하면 되니까

$$L = \frac{3}{2} \times x$$

가 돼."

페르가 단호하게 말했다.

"이제 같은 방법을 막대 B에도 적용하면 되겠어."

매씨가 싱긋 웃으며 말했다. 그러고는 자신 있는 표정으로 말을 이었다.

"막대 B의 길이를 M이라고 하면 물 위로 튀어나온 부분의 길이는 $\frac{1}{4} \times M$이고, 물의 깊이는 x이니까

$$M = \frac{1}{4} \times M + x$$

가 돼. 양변에서 $\frac{1}{4} \times M$을 빼면

$$\frac{3}{4} \times M = x \quad (2)$$

가 되고, 여기서 막대 B의 길이 M을 x로 나타내려면 식 (2)의 양변에 $\frac{4}{3}$를 곱해야 하니까

$$M = \frac{4}{3} \times x$$

가 돼."

"좋아. 이제 모두 해결됐어. 두 막대의 길이는 모두 물의 깊이 x로 표현되고, 두 막대의 길이의 합이 340cm이니까

$$L + M = \frac{3}{2} \times x + \frac{4}{3} \times x = 340$$

이 되는 거지."

"이 방정식의 양변에 2와 3의 최소공배수인 6을 곱하면

$$9 \times x + 8 \times x = 2040$$

이 되고."

"분배법칙을 쓰면 좌변을 더 간단하게 할 수 있어.

$$9 \times x + 8 \times x = (9+8) \times x = 17 \times x$$

이니까

$17 \times x = 2040$

이야. 이 식의 양변을 17로 나누면

$x = 120$

이야. 그러니까 물의 깊이는 120cm야."

"맞아. 내가 푼 방법과 같아."

매씨와 페르는 함박웃음을 지으며 하이파이브를 했다. 다른 네 문제도 같은 방법으로 맞혀 보았다. 두 사람 모두 만점이었다. 이제 한결 마음이 가벼워졌다. 지금까지 수시고사 성적이 다른 학생들에 비해 좋은 편인데다가 이번에도 만점을 받았기 때문이다.

"누구지?"

매씨가 복도 쪽 유리창에 비친 여자아이의

얼굴을 보고 놀라 소리쳤다. 누군가 두 사람이 토론하고 있는 모습을 유리창을 통해 엿보고 있었다. 두 사람은 서둘러 강의실 밖으로 나갔다. 하지만 그 여학생은 무서운 속도로 도망치고 있었다.

"누가 우리 토론을 엿들은 거지?"

매씨가 아리송한 표정으로 말했다.

"글쎄. 머리 길이로 봐서는 샤로니인 것 같은데……."

페르가 혀를 차며 말했다.

"우리가 무슨 나쁜 짓을 한 것도 아니고 누가 엿들으면 어때? 우린 수학 토론을 했을 뿐이잖아?"

"하긴……."

두 사람은 멋쩍은 표정으로 서로를 바라보다가 건물 밖으로 나와 각자의 방으로 갔다.

다음날 디오스 교수는 수업 시간에 전날 수시고사에서 만점을 받은 학생들의 이름을 불렀다. 만점자는 페르와 매씨 그리고 샤로니였다.

"샤로니가 안 보여."

페르가 주위를 두리번거리고는 매씨에게 귓속말을 했다. 매씨도 고개를 돌려 강의실을 둘러보았다. 한 번도 결석한 적이 없던 샤로니가 웬일인지 보이지 않았다.

"이상하네. 결석할 애가 아닌데……."

매씨가 고개를 갸웃거리며 말했다.

수업이 끝나자 매씨와 페르는 샤로니와 친하게 지내는 다이애나에게 다가갔다.

"다이애나, 샤로니는?"

매씨가 조용히 물었다.

"어젯밤에 응급실에 실려 갔어."

다이애나가 걱정스러운 얼굴로 말했다.

"응급실?"

페르와 매씨가 동시에 소리쳤다. 다이애나는 두 사람의 과잉 반응을 이상한 눈빛으로 쳐다보고는 책가방을 챙겨 강의실을 나갔다.

"분명 수학유령의 짓일 거야."

매씨가 나지막한 목소리로 말했다.

페르는 심각한 얼굴로 고개를 끄덕이더니 입을 열었다.

"아무래도 셤즈 형사님께 알려야겠어. 그냥 장난으로 넘길 일이 아닌 것 같아."

페르는 휴대전화를 꺼내 셤즈 형사에게 자초지종을 말하고 샤로니의 방에서 만나기로 했다. 잠시 후 두 사람이 샤로니의 방에 도착했을 때 셤즈 형사는 이미 방안 곳곳을 살피는 중이었다. 셤즈 형사는 두 사람이 들어온 것도 눈치

채지 못한 채 컴퓨터 모니터를 응시하고 있었다. 컴퓨터 모니터에는 수학유령이 보낸 것으로 보이는 피가 뚝뚝 떨어지는 협박문이 적혀 있었다.

"이번이 세 번째라고 했니?"

셤즈 형사가 고개를 돌려 두 사람에게 물었다.

"네."

페르와 매씨가 동시에 대답했다.

"그렇다면 수사에 착수해야겠어. 지금까지 피해자는 모두 여학생이라고 했지?"

셤즈 형사가 눈을 가늘게 뜨며 두 사람에게 물었다.

"네."

페르가 고개를 끄덕였다. 셤즈 형사는 갑자기 매씨와 시선을 맞추더니 걱정스러운 목소리로 말했다.

"매씨, 너도 조심해야겠다."

"전 괜찮아요. 이상한 이메일은 아예 열어 보지 않으니까요."

"그래. 좋은 생각이다."

셤즈 형사는 이렇게 말하고는 샤로니의 방 곳곳을 카메라로 찍었다. 그러고는 샤로니의 컴퓨터의 하드 디스크를 분리해 주머니에 넣었다. 경찰청으로 돌아가 하드 디스크에 담긴 내용을 조사하려는 듯했다.

네 번째 피해자

| 복면산 | ▼ 검색 |

샤로니 사건이 있은 후 이틀 뒤에 또다시 사건이 터졌다. 이번 피해자는 다이애나였다. 역시 똑같은 방법으로 디오스 교수의 시험 문제와 답을 시험 전날 미리 가르쳐주고 협박하는 내용의 메일을 보내는 식이었다.

"가만! 매쓰브리지에 여학생이 몇 명이지?"

페르가 무언가 떠오른 듯 매씨의 얼굴을 바라보며 물었다.

"다섯 명."

매씨가 대답했다.

"범인은 시험 전날이나 리포트 마감 전에 네 명의 여학생에게 수학 문제와 답을 알려줬어. 그러고는 비리를 폭로하겠다는 협박 메일을 보냈지. 협박 메일에 지친 네 명의 여학생들은 노이로제 증상을 보여 모두 응급실로 실려 갔어. 만일 내 생각대로 범인이 여학생들만 노리는 것이라면 다음 대상은 매씨 바로 너야."

페르가 매씨를 뚫어져라 보며 말했다. 매씨는 놀란 눈으로 얼어붙은 채 아무 말도 하지 않았다. 매씨는 온몸이 부르르 떨리는 기분이었다.

"매씨, 내일 문자식 시험이지?"

페르가 물었다.

"맞……아……."

매씨가 떨리는 목소리로 말했. 두 사람은 허겁지겁 매씨의 방으로 가서 컴퓨터를 열었다. 아직 범인으로부터 시험 문제를 알려 주는 메일은 도착하지 않았다.

"트래킹을 해야겠어."

페르가 굳은 표정으로 말했다.

"그게 뭔데?"

매씨가 물었다.

"범인이 메일을 보내는 순간 메일이 오는 서버를 찾는 거야. 아주 짧은 시간이지만 내가 좋은 트래킹 프로그램을 가지고 있으니까 범인이 메일을 보내는 서버를 찾을 수 있을 거야."

페르는 이렇게 말하고는 파일 전송 프로그램을 이용하여 자신의 컴퓨터에 있는 최신 트래킹 프로그램을 매씨의 컴퓨터에 옮겨 놓았다. 이제 '딩동' 하는 소리와 함께 메일 수신이 확인되는 순간 트래킹으로 메일을 보낸 서버를 찾기만 하면 되는 일이었다. 만일 범인이 메일을 보낸 직후에 서버를 다운시키면 추적이 불가능하지만 범인의 해킹 실력으로 보아 그렇게까지 추적을 두려워할 것 같지는 않다는 생각이 들었다. 일단 트래킹 이외에는 다른 방법이 없어 두 사람은 조용히 컴퓨터 앞에 앉아 모니터를 응시했다.

'딩동~'

메일 도착을 알리는 소리가 울렸다. 시계를 보니 오후 9시 정각이었다. 페르가 설치한 트래킹 프로그램에서 알파벳과 숫자들이 섞인 암호 같은 문장들이 아주 빠르게 나타났다. 메일을 보낸 서버를 트래킹하는 과정이었다. 화면을 가득 채운 이상한 문장들이 여러 페이지 나타나더니 갑자기 '…………' 표시와 함께 더 이상 아무 문장도 나타나지 않았다.

"범인이 서버에서 나갔어."

페르가 혀를 차며 말했다.

"혹시 범인이 우리가 트래킹하는 걸 안 거야?"

매씨가 물었다.

"그런 것 같아. 보통 실력자가 아니야. 그러니까 해킹으로 시험 문제를 알아낸 거겠지만……."

"그럼 이제 어떡해? 내가 마지막 대상이라면 범인이 더 이상 메일을 보낼 여학생이 없잖아. 그럼 범인을 어떻게 찾아?"

"조금만 기다려 봐."

페르는 흥분한 매씨를 진정시키고 트래킹한 결과를 화면에 띄웠다.

101.99.103.47

"이게 무슨 숫자야?"

매씨가 어리둥절한 표정으로 말했다.

"서버의 IP 주소야."

페르가 입가에 환한 미소를 지으며 말했다.

"어느 컴퓨터인지 알 수 있어?"

"글쎄. 일단 중앙 서버를 뒤져 봐야겠는데…….."

페르는 이렇게 말하고는 숙달된 솜씨로 매쓰브리지의 중앙 서버 컴퓨터에 접속했다. 한참을 시도한 끝에 드디어 중앙 서버 컴퓨터의 관리자 화면이 나타났다. 하지만 관리자 모드로 들어가 IP 주소록을 보려면 다섯 자리의 비밀번호를 입력해야 한다. 비밀번호는 세 번을 잘못 입력하면 해킹하는 것이 바로 들통 나기 때문에 아무렇게나 수를 입력할 수도 없는 일이었다.

"어떡하지?"

매씨가 시무룩한 표정을 지었다.

"일단 비밀번호의 힌트를 보자."

페르는 비밀번호를 분실했을 때 비밀번호를 연상시키게 하는 힌트 문장을 열람했다. 다행히 그 부분은 열려 있었다.

$$SEND + MORE = MONEY$$

"복면산이야. 아무래도 암호는 이 식을 만족하는 MONEY에 대응하는 다섯 자릿수일 거야."

페르가 자신 있게 말했다.

"간단한 복면산은 아닌 것 같은데……."

매씨는 머릿속으로 적당한 수를 찾아보았지만 머리셈으로 해결할 수 있을 정도로 간단한 식이 아니었다.

"일단 세로셈으로 다시 써 보자."

페르는 이렇게 말하고는 화이트보드에 다음과 같이 썼다.

$$\begin{array}{r} \text{SEND} \\ +\ \text{MORE} \\ \hline \text{MONEY} \end{array}$$

"네 자릿수와 네 자릿수의 덧셈에서 다섯 자릿수가 나왔으니까 일단 M=1이야."

매씨는 이렇게 말하고는 M을 지우고 그 자리에 1을 써 넣었다.

$$\begin{array}{r} \text{SEND} \\ +\ \text{1ORE} \\ \hline \text{1ONEY} \end{array}$$

"만일 백의 자리에서 받아올림이 없다면 S+1=O가 되어야 해. 그 경우 S=9이고 O=0이야. 하지만 백의 자리에서 받아올림이 있으면 S+1+1=O이 되어야 하니까 S=8, O=0이거나 S=9, O=1이 돼. 우선 이 세 가지 경우를 조사해 보자."

페르는 이렇게 말하면서 다음과 같이 정리했다.

(i) M=1, S=9, O=0

(ii) M=1, S=9, O=1

(iii) M=1, S=8, O=0

"(ii)의 경우는 M과 O가 같은 수가 되니까 안 돼. 복면산에서 서로 다른 철자는 모두 다른 수를 나타내게 되어 있어."

매씨는 이렇게 말하고는 가능한 두 경우를 모두 세로셈으로 썼다.

```
    9END
+  10RE
―――――――
   10NEY


    8END
+  10RE
―――――――
   10NEY
```

"두 번째 경우는 안 돼."

페르가 단호하게 말했다.

"그건 왜지?"

매씨가 잘 이해가 가지 않는다는 표정으로 물었다.

"백의 자릿수들을 봐. E와 O이잖아? 그런데 백의 자리에서 받아올림이 있으려면 E=9가 되어야 해. 그러면 N=0이 되어 N과 O가 같아지잖아?"

페르가 설명했다.

"그렇구나! 그렇다면 이제 남은 가능성은 한 가지야."

매씨는 두 번째 세로셈을 지웠다. 이제 화이트보드에는 하나의 세로셈만이 남아 있게 되었다.

$$\begin{array}{r} 9END \\ +\ 10RE \\ \hline 10NEY \end{array}$$

두 사람은 칠판에 적힌 식을 뚫어지게 쳐다보았다. 잠시 후 매씨가 먼저 입을 열었다.

"N=E+1이 되어야 해. 십의 자리에서 받아올림이 있어야 하니까. 만일 받아올림이 없다면 N과 E가 같아져서 모순이 되거든."

"좋은 조건을 발견했어. 그러면 미지수가 하나 줄어들게 돼. E를 알면 N을 알 수 있으니까 말이야. 좋아. 나는 십의 자리의 합을 생각해 볼게. 일의 자리에서 받아올림이 없는 경우는

$$N+R=10+E$$

가 돼. 그런데 N=E+1이니까

$$E+1+R=10+E$$

가 되어 양변에서 E를 빼면 R=9가 돼."

페르가 말했다.

"9는 이미 나왔잖아?"

"그러니까 일의 자리에서 받아올림이 있다는 얘기야."

"그건 내가 해 볼게. 일의 자리에서 받아올림이 있으면 십의 자리의 합은

$$N+R+1=E+10$$

이 되고, N=E+1이니까

$$E+1+R+1=E+10$$

이 되고, 양변에서 E를 빼면

$$R=8$$

이 돼. 8은 처음 나온 수이니까 가능한 값이지."

"좋았어. 이제 D와 E와 Y를 구하면 되겠군."

"일의 자리에서 받아올림이 있어야 하니까 일의 자리의 합은

$$D+E=10+Y$$

가 되어야 해."

"좋았어. 아직 사용하지 않은 숫자가 뭐가 있지?"

"2, 3, 4, 5, 6, 7이 남았어."

"그렇다면 D, E, Y는 이 숫자들 중 하나가 되어야 하니까 두 가지 경우만 가능해."

페르는 이렇게 말하고는 다음과 같은 두 가지 경우를 화이트보드에 적었다.

(i) D=5, E=7, Y=2

(ii) D=7, E=5, Y=2

"첫 번째 경우는 안 돼."

매씨가 말했다.

"왜지?"

"E=7이라면 N=E+1=8이 되어 N이 R과 같아지잖아?"

"그렇구나! 그렇다면 이제 숫자가 다 나온 거네."

페르는 이렇게 말하고 문자를 지우고 다음과 같이 숫자로 이루어진 덧셈식을 썼다.

$$\begin{array}{r} 9567 \\ +1085 \\ \hline 10652 \end{array}$$

"비밀번호는 10652였어."

페르와 매씨는 하이파이브를 하며 좋아했다. 그러고는 재빠르게 비밀번호를 입력했다. 잠시 후 화면이 바뀌더니 서버 관리자 모드로 전환되었다. 페르는 서버에서 할당한 각 컴퓨터의 IP 주소가 입력되어 있는 곳을 뒤져 101.99.103.47이라는 주소를 가진 컴퓨터를 찾았다.

"찾았어. 메일을 보낸 곳은 제7 전산실이야."

"제7 도서관 옆 건물 말이야?"

매씨가 놀란 얼굴로 물었다.

"엄밀히 말해 옆 건물은 아니지. 제7 도서관과 제7 전산실이 있는 건물은 기역자로 붙어 있으니까 하나의 건물이라고도 볼 수 있지."

"맞아. 제7 전산실은 매쓰브리지 학생이라면 누구든지 자유롭게 들어갈 수 있잖아? 수십 대의 컴퓨터가 있고."

"정확하게 78대의 컴퓨터가 있어."

"우와! 그중 하나의 컴퓨터를 찾을 확률은 $\frac{1}{78}$이잖아? 대체 어떻게 찾지?"

"걱정 마. IP 주소를 찾으면 돼. IP 주소는 컴퓨터마다 저장되어 있으니까 쉽게 찾을 수 있어."

두 사람은 서둘러 제7 전산실로 갔다. 컴퓨터 도사인 페르는 숙달된 솜씨로 컴퓨터의 제어판에서 IP 주소를 확인했다. 그러고는 한 대의 컴퓨터를 가리키며 말했다.

"저거야."

페르는 컴퓨터 옆에 놓여 있는 컴퓨터 사용 일지를 열람했다. 매씨가 메일을 받은 날 이 컴퓨터를 사용한 세 사람의 이름이 적혀 있었다.

그때 갑자기 누군가가 페르와 매씨의 등을 툭 쳤다. 페르와 매씨는 동시에 뒤를 돌아보았다.

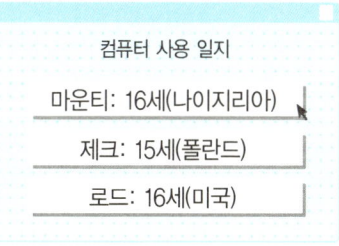

"셤즈 형사님!"

두 사람이 동시에 소리쳤다.

"너희들이 이곳까지 웬일이니?"

셤즈 형사가 물었다.

"그러는 형사님은요?"

페르가 물었다.

"범인은 이메일을 이용해 여학생들을 협박했어. 그래서 학교 안의 모든 컴퓨터 사용 내역을 조사하는 중이란다."

"그러실 필요 없어요."

페르가 단호하게 말했다.

"그게 무슨 말이지?"

셤즈 형사가 눈을 크게 뜨고 물었다.

"범인은 매쓰브리지의 여학생들만 겨냥했어요. 그래서 범인의 다음 공격 대상이 매씨일 거라고 생각했지요. 그리고 매씨에게 범인으로부터 메일이 전송되는 순간 범인이 메일을 보낸 IP 주소를 찾았고, 그 주소에 해당되는 컴퓨터가 바로 이 컴퓨터라는 것까지 알아냈거든요."

페르가 문제의 컴퓨터를 가리키며 말했다.

"정말 대단해. 좋았어! 너희들을 내 조수로 채용하지. 수학적인 부분은 너희들의 도움을 받겠지만 위험한 일에는 절대 나서면 안 돼."

셤즈 형사는 썩 내키지는 않았지만 페르와 매씨의 도움을 받으면 수사가 좀 더 용이해질 거라는 생각을 한 듯했다. 페르는 셤즈 형사에게 매씨가 메일을 받은 날 컴퓨터를 사용한 세 사람의 명단을 알려주었다.

알리바이를 찾아라

> 속력 계산 | ▼ 검색

다음날 아침, 셤즈 형사는 가장 먼저 마운티를 만났다. 매씨가 메일을 받은 시간의 알리바이를 조사하기 위해서였다.

"마운티 군, 어젯밤 아홉 시쯤 어디에 있었지?"

셤즈 형사가 부드럽게 물었다. 아직 학생이고 범인이라는 확신이 없었기 때문이다.

"저는 여덟 시 30분부터 제7 도서관에서 다음날 시험을 대비해 공부하고 있었어요."

마운티가 차분한 어조로 말했다. 하지만 왠지 그의 눈은 셤즈 형사와 시선을 맞추지 않으려고 노력하는 듯했다.

"도서관에는 몇 시까지 있었지?"

"아홉 시 50분까지 있었어요."

"제7 전산실에는 언제 갔니?"

"어제 오전에 인터넷을 이용하러 갔었어요."

"정확하게 몇 시에 갔지?"

"오전 아홉 시에 갔어요. 그리고 30분쯤 웹 서핑을 하다가 기숙사로 돌아갔어요."

마운티는 형사의 물음에 또박또박 대답했다. 셤즈 형사는 마운티의 눈을 똑바로 쳐다보며 그가 거짓말을 하고 있는 것은 아닌지 살폈다. 마운티와의 면담을 마친 셤즈 형사는 점심시간에 포딩 레스토랑에서 매씨와 페르를 만났다. 포딩 레스토랑은 스테이크와 스파게티 전문점으로, 학생들이 자주 이용하는 곳이었다.

세 사람은 사람들이 적은 창가 구석진 자리에 앉아 미트소스 스파게티 세 개를 주문했다.

"매씨가 메일을 받은 시간에 마운티는 제7 도서관에 있었어."

셤즈 형사가 말했다.

"마운티의 말을 그대로 믿을 수는 없잖아요?"

페르가 눈을 가늘게 뜨고 말했다.

"도서관 CCTV를 조사해 봤지. 제7 도서관 안에는 네 대의 CCTV가 있는데 마운티의 말대로 여덟 시 30분부터 아홉 시 50분 사이에 마운티의 모습이 잡혔어. 단 5분을 제외하고 말이야."

"5분은 뭐죠?"

매씨의 눈이 휘둥그레졌다.

"여덟 시 45분부터 여덟 시 50분 사이에 마운티의 모습이 담긴 테이프가 없었어."

셤즈 형사가 말했다.

"화장실에 갔겠지요. 화장실에는 CCTV가 설치되어 있지 않으니까요."

페르가 아무렇지 않다는 듯 말했다.

"그런 것 같다. 어찌되었건 매씨가 메일을 받은 시각에 마운티가 제7 도서관에 있었다는 게 증명되었으니까 마운티는 범인이 아니군."

셤즈 형사는 혀를 차며 말했다. 반나절 내내 조사한 용의자의 알리바이가 완벽했기 때문이다. 그날 오후 셤즈 형사는 두 번째 용의자인 제크를 만났다. 역시 똑같은 방식으로 매씨가 메일을 받은 시각의 알리바이를 조사했다. 제크와의 면담이 끝나자 셤즈 형사는 페르의 방을 찾았다. 페르는 매씨와 함께 컴퓨터 게임을 하고 있는 중이었다.

"두 사람, 나 좀 도와줘야겠어."

셤즈 형사가 두 사람의 등에 대고 말했다.

"제크에 대한 조사는 끝났나요?"

페르가 고개를 돌려 셤즈 형사와 시선을 맞추고는 물었다.

"좀 전에 마쳤어. 그런데 하도 복잡해서……."

셤즈 형사는 혀를 끌끌 찼다. 제크의 알리바이에 뭔가 얽히고 설킨 내용이 들어 있는 듯했다.

"일단 범행 시각인 아홉 시에 제크가 전산실에 있었는지 하는 것만 조사하면 되잖아요?"

매씨가 컴퓨터를 잠시 끄고 말했다.

"그야 그렇지. 하지만 제크는 시계를 차고 가지 않아서 정확히 언제 전산실에 들어갔는지 모르겠대."

셤즈 형사가 한숨 섞인 소리로 말했다.

"휴대폰은요? 휴대폰에도 시계가 있잖아요?"

매씨가 물었다.

"그것도 기숙사에 두고 갔다는군."

셤즈 형사가 고개를 떨어뜨리며 말했다.

"전산실에 시계가 있잖아요?"

페르는 잘 이해가 되지 않는다는 얼굴로 물었다.

"처리해야 할 리포트가 많아서 방에 들어가자마자 컴퓨터 작업을 했기 때문에 모르겠대."

셤즈 형사가 절망스런 목소리로 말했다. 제크의 알리바이가 성립되는지 성립되지 않는지를 가늠할 수 없어 당황한 얼굴이었다. 그러더니 뭔가 생각이 났는지 고개를 번쩍 들고는 두 사람에게 말했다.

"제크가 기숙사를 떠날 때의 시각은 알아. 떠날 때 방의 시계가 정확히 여덟 시 40분 0초였대. 초까지 표시되는 전자 시계였으니까 정확한 정보겠지."

"기숙사에서 걸어갔나요?"

페르가 물었다.

"아니! 친구에게 모터 킥보드를 빌려주기로 해서 모터 킥보드를 타고 카페 엔젤에 갔다가 거기서부터 전산실까지는 걸어서 갔다는군."

섐즈 형사가 말했다. 그러는 사이에 벌써 페르는 인터넷으로 매쓰브리지의 지도를 검색하고 있었다.

"기숙사에서 카페 엔젤까지의 거리는 3.5km이고, 카페 엔젤에서 전산실까지는 1.2km이군요. 우선 제크의 방에서 기숙사 입구까지 내려오는 데 걸리는 시간과 전산소 건물 입구에서 전산실까지 가는 데 걸리는 시간을 알아야 해요."

페르가 다부진 얼굴로 말했다. 세 사람은 먼저 제크의 방으로 갔다. 스톱워치로 측정한 결과 3층에 있는 제크의 방에서 계단을 걸어 내려와 밖으로 나오는 데 걸리는 시간은 30초 정도 소요되었다. 세 사람은 다시 전산소로 향했다. 전산소 건물 입구에서 2층에 있는 전산실까지 가는 데 걸리는 시간은 20초였다. 페르는 두 수치를 수첩에 기록하고는 섐즈 형사, 매씨와 함께 전산소 건물 1층에 있는 휴게실로 갔다.

"이제 제크의 알리바이를 확인할 수 있을 것 같아요."

페르가 말했다.

"어떻게?"

섐즈 형사가 어리둥절한 표정으로 물었다.

"페르는 방정식을 이용하여 제크가 범행 시각에 전산실에 올 수 있는지를 조사할 거예요."

매씨가 페르의 작전을 알아차린 얼굴로 말했다.

"매씨의 말이 맞아요. 우선 모터 킥보드는 전기의 힘으로 움직이기 때문에 속력이 일정해요. 모터 킥보드의 속력은 초속 10m이지요. 어떤 속력으로 어떤 거리를 움직일 때 걸린 시간은 거리를 속력으로 나눈 값이니까 모터 킥보드로 3.5km 거리를 가는 데 걸리는 시간은 $\frac{3500}{10}=350$(초)이 돼요. 그 후 걸어갈 때의 속력은 모르니까 그 속력을 v라고 하면 제크가 카페 엔젤에서 전산소 입구까지 가는 데 걸린 시간은

$$\frac{1200}{v}(초)$$

이 되지요. 따라서 제크의 방에서 전산실에 도착할 때까지 걸린 시간은

$$30+350+\frac{1200}{v}+20=\frac{1200}{v}+400(초)$$

이 되는 거죠."

페르가 긴 설명을 마쳤다.

"그러니까 이 시간이 제크가 방에서 나간 시각인 여덟 시 40분과 범행 시각인 아홉 시 사이의 간격인 20분이 되면 되는 거잖아, 그렇지?"

매씨가 끼어들었다.

"맞아. 20분을 초로 고치면 1200초이니까

$$\frac{1200}{v} + 400 = 1200$$

이 되고, 양변에서 400을 빼면

$$\frac{1200}{v} = 800$$

이 되니까

$$800 \times v = 1200$$

에서 양변을 800으로 나눠 주면

$$v = 1.5$$

가 돼요. 다시 말해서 초속 1.5미터로 걸어가면 제크는 범행 시각에 전산실 컴퓨터에 앉아 있을 수 있어요."

페르가 어깨를 으쓱거렸다.

"초속 1.5미터가 어느 정도인지 감이 안 오는데……."

셤즈 형사가 머리를 긁적였다.

"초속 1.5미터란 1초에 1.5미터를 간다는 뜻이니까 시속으로 고치려면 1시간이 3600초이므로

$$1초 : 1.5m = 3600초 : x m$$

라는 비례식을 풀어야 해요. 이 비례식을 풀면

$$x = 1.5 \times 3600 = 5400$$

이 되어 시속 5400미터, 즉 시속 5.4km가 되지요."

매씨가 차근차근 설명했다.

"그게 어느 정도의 속력이지?"

셤즈 형사가 다시 물었다.

"조금 빠르게 걸어갈 때의 속력이에요. 이 정도 속력으로는 누구나 걸어갈 수 있지요."

페르가 빙긋 웃으며 말했다. 셤즈 형사의 진지한 모습이 말 잘 듣는 학생처럼 보였기 때문이었다.

"그렇다면 제크는 알리바이가 없는 셈이군."

셤즈 형사가 기지개를 켜듯 양팔을 뒤로 젖히며 말했다.

"그런 셈이죠."

이번에는 매씨가 생긋 웃으며 말했다.

수학유령의 정체

닮음 ▼ 검색

다음날 아침, 셤즈 형사가 페르의 방을 찾아왔다. 페르는 매씨와 팀 과제 세미나를 하는 중이었다.

"세 번째 용의자는 만나보셨어요?"

페르가 물었다.

"방금 로드 군을 만나고 오는 길이야. 그런데……."

셤즈 형사는 말을 하려다가 멈췄다. 그리고 뭔가 쓴 음식을 씹은 것 같은 표정을 지었다.

"로드의 알리바이는요?"

매씨가 물었다.

"그걸 잘 모르겠어. 매쓰브리지 학생들은 왜 시계를 안 차고 다니는 거지?"

셤즈 형사가 혀를 차며 말했다. 이번에도 용의자의 시간별 행동이 파악되지 않아 알리바이 여부를 알 수 없는 듯했다.

"몇 시에 전산실에 갔는지 모른대요?"

페르가 물었다.

"글쎄, 그렇다는군. 시계를 차고 있지 않아 몇 시에 전산실에서 작업을 했는지 알 수 없대."

"다른 얘기는 없었고요?"

"로드 군은 무선통신 동아리 회원이야. 그래서 시계가 내장되어 있는 휴대폰 대신 무전기를 사용하여 동아리 회원들하고 연락한대. 로드 군은 전산실에 가기 전에 동아리 방에 있었는데 그때 마침 전산소 건물 입구에 있던 친구 포드와 무선통신을 하고는 바로 걸어서 전산실로 향했대. 포드도 로드와 무선통신을 한 직후에 전산소 입구에서 동아리 방까지 전속력으로 뛰어갔다는군. 그러니까 두 사람은 서로 다른 두 지점에서 같은 시각에 출발해 서로 반대 방향으로 움직인 거지. 그런데 포드 군은 최근에 달리기 훈련 중이라 항상 스톱워치를 가지고 다니면서 자신이 뛰어간 시간을 측정하는데, 포드가 전산소에서 동아리 방까지 가는 데 걸린 시간은 정확하게 300초라고 하더군. 하지만 로드의 속력을 모르니……."

"포드는 로드와 무선통신을 마친 시각은 안대요?"

페르가 눈을 반짝거리며 물었다.

"응. 여덟 시 45분 정각이었대."

셤즈 형사가 어리둥절한 표정으로 말했다.

"두 사람이 같은 길을 따라 두 지점에서 반대 방향으로 움직였다면 어디선가 만났을 거예요. 그 지점의 위치를 알면 로드가 전산실에 도착한 시간을 알 수 있어요."

매씨가 두 사람의 대화에 끼어들었다.

"잘 이해가 안 되는군! 좋아, 일단 두 사람에게 물어 보지."

셤즈 형사는 고개를 절레절레 흔들고는 로드에게 전화를 걸었다. 5분 정도 통화를 한 후에 다시 페르와 매씨에게 말했다.

"페르마 동상 앞에서 마주쳤대."

"그럼 그래프를 이용해서 풀면 되겠네요."

페르가 싱긋 웃으며 말했다.

"도무지 이해가 안 되는 얘기만 하는군."

섬즈 형사가 얼굴을 찡그렸다.

그러자 매씨가 환하게 미소를 지으며 방 한쪽 벽에 있는 화이트보드 쪽으로 걸어가 마커펜으로 그림을 그리며 설명했다.

"두 사람이 같은 시각에 서로 다른 지점을 출발해 서로 반대 방향으로 움직이는 경우는 시간과 거리의 그래프를 이용해 풀 수 있어요. 페르, 전산소 입구에서 무선통신 동아리 방까지의 거리를 알아봐 줘."

"오케이!"

페르는 인터넷에서 매쓰브리지 지도를 열람했다. 정확한 축적이 표시되어 있고 두 지점을 입력하면 두 지점 사이의 거리를 알려주는 기능이 있는 전자지도였다. 페르는 전산소 입구와 무선통신 동아리 방을 입력하더니 매씨에게 소리쳤다.

"2.4km야."

"좋아. 그럼 페르마 동상에서 동아리 방까지의 거리는?"

매씨의 말이 끝나기가 무섭게 페르는 전자지도의 거리 검색창에 두 지점을 입력했다.

"960m."

"됐어. 이제 로드가 동아리 방에서 전산소 입구까지 가는 데

걸린 시간을 알 수 있어요."

매씨는 섬즈 형사를 향해 생긋 웃으며 말했다. 하지만 섬즈 형사의 표정은 그리 밝지 않았다. 매씨의 말이 잘 이해되지 않는 눈치였다. 매씨는 마커펜으로 그림을 그리며 설명하기 시작했다.

"동아리 방을 기준점으로 잡고 세로축을 거리, 가로축을 시간으로 하여 그래프를 그려 보죠. 포드가 전산소를 출발해 동아리 방까지 오는 데 걸린 시간이 300초이니까 다음과 같은 그래프가 돼요.

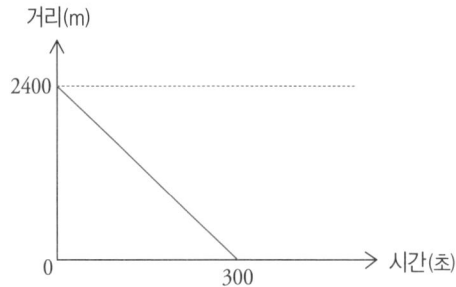

여기서 파란색으로 표시한 것이 바로 전산소 입구에서 동아리 방까지 움직인 포드의 그래프이지요. 시간이 경과함에 따라 동아리 방으로부터의 거리가 점점 줄어드니까 동아리 방으로 오고 있다는 걸 나타내지요. 그리고 정확히 300초 후에는 동아리 방으로부터의 거리가 0이 되니까 동아리 방에 도착한 것이 되고요."

"그럼 로드의 움직임을 나타내는 그래프는 어떻게 그리지? 로드가 몇 초 후에 전산소 입구에 도착했는지는 알 수 없잖아?"

그래프를 뚫어지게 쳐다보던 섐즈 형사가 물었다.

그러자 페르가 붉은색 마커펜을 집더니 화이트보드로 다가가면서 섐즈 형사에게 말했다.

"두 사람이 만난 위치를 알고 있으니까 해결할 수 있어요. 일단 로드가 전산소에 도착한 시간을 모르니까 t라고 두지요. 하지만 두 사람은 동아리 방으로부터 960미터 떨어진 페르마 동상 앞에서 만났으니까 페르의 움직임을 나타내는 직선을 붉게 나타내면 다음과 같이 돼요.

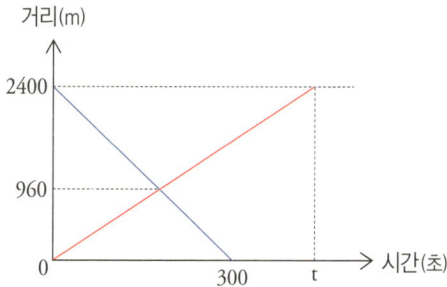

동아리 방으로부터 960미터 되는 지점에서 두 그래프가 만나죠? 이것은 그 지점에서 포드와 로드가 만났다는 것을 말해 주는

거예요."

"하지만 두 사람이 언제 만났는지는 알 수 없잖아?"

셤즈 형사가 고개를 갸우뚱거렸다.

"이 정도의 정보면 로드가 전산소 입구에 도착하는 데 걸린 시간 t를 충분히 알 수 있어요."

페르가 자신 있는 표정으로 말했다.

"닮음을 이용하면 되거든요. 다음 두 삼각형을 보세요.

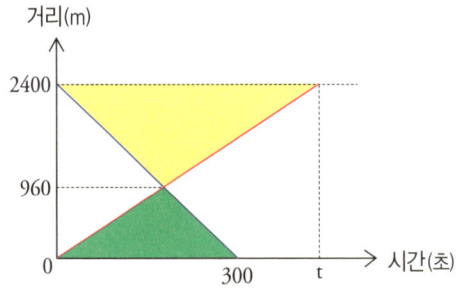

노란색 삼각형과 녹색 삼각형은 세 각이 같으므로 서로 닮음이에요. 닮은 두 삼각형에서는 대응변의 길이의 비가 같으니까 밑변의 길이의 비와 높이의 길이의 비가 같다고 놓으면

$$t : 300 = (2400 - 960) : 960$$

이 되고, 이것을 정리하면

$$t : 300 = 1440 : 960$$

이 되지요. 비례식에서는 내항의 곱과 외항의 곱이 같으니까

$$t \times 960 = 300 \times 1440$$

이 되어

$$t \times 960 = 432000$$

이 돼요. 양변을 960으로 나누면

$$t = 450$$

이 되니까 로드가 동아리 방에서 전산소 입구까지 가는 데 걸린 시간은 450초예요. 그리고 전산소 입구에서 전산실까지 가는 데 걸린 시간인 20초를 더하면 470초가 되지요. 이것을 분으로 고치면 7분 50초가 돼요. 그러니까 로드가 전산실에 도착한 시각은 8시 52분 50초이지요."

"그렇다면 로드도 아홉 시에 메일을 보낼 수 있었다는 얘기군.

좋았어. 그렇다면 용의자는 이제 로드와 제크 두 사람으로 좁혀지는군!"

섬즈 형사는 흡족한 표정을 지었다. 그러고는 두 사람의 머리를 쓰다듬어 주었다. 매씨와 페르의 수학 분석 덕분에 결국 세 명의 용의자 중 마운티가 배제되었다. 섬즈 형사는 제크와 로드의 방을 꼼꼼히 수색했지만 아무것도 발견되지 않았다. 증거가 나타나지 않아 누가 진범인지 알 수 없어 수사는 며칠 동안 제자리걸음이었다.

"페르! 이것 좀 봐."

매씨가 컴퓨터 화면을 가리키며 놀란 표정으로 말했다.

"무슨 일인데?"

쇼파에 누워 가우스의 전기를 읽고 있던 페르가 고개만 치켜올린 채 귀찮은 듯 대꾸했다.

"컴퓨터의 내장 시간이 실제 시간과 달라."

"뭐?"

페르는 자리에서 벌떡 일어나 컴퓨터 앞으로 다가왔다. 매씨의 말대로 컴퓨터의 내장 시계가 가리키는 시각은 매씨의 방에 걸려

있는 벽시계의 시간과 달랐다.

"얼마나 차이가 나는 거지?"

"지금이 11시인데 컴퓨터의 시계는 10시 47분을 가리키고 있어."

"13분이 느리군! 컴퓨터는 실시간인데 왜 시간이 틀린 거지?"

"가만! 지난번에 부서라 바이러스 때문에 컴퓨터의 시간을 수정한다는 메시지가 왔던 것 같은데……."

매씨가 무언가 떠오른 듯 소리쳤다. 그러고는 자신의 메일함에서 부서라 바이러스를 검색했다. 그러자 전산소에서 온 메일 하나가 발견되었다. 부서라 바이러스를 피하기 위해 전산소의 서버 컴퓨터의 시간을 13분 느린 상태로 조정한다는 메일이었다. 메일이 온 시각은 매씨가 수학유령으로부터 메일을 받기 하루 전날이었다.

부서라 바이러스에 대한 공지 사항

부서라 바이러스를 피하기 위해 전산소 서버 컴퓨터 시간을 13분 느린 상태로 조정 운행하오니 전산실을 이용하는 학생들은 이 점을 유념하여 사용해 주시기 바랍니다.

전산소 관리부 올림

"그럼 지난번에 너한테 메일이 왔을 때도 13분 느린 시각인 거잖아?"

페르가 놀라 소리쳤다.

"그렇겠지. 매쓰브리지의 모든 컴퓨터는 서버와 연결된 터미널이어서 서버 컴퓨터와 같은 시각을 가리킬 테니까."

매씨도 놀란 얼굴로 소리쳤다.

"그럼 범행 시각은 9시가 아니라 8시 47분이야."

"뭐? 그럼 알리바이를 다시 조사해야 하잖아?"

"그럴 필요까지는 없을 것 같아. 제크와 로드는 하늘이 두 쪽 난대도 8시 47분에는 전산실에 도착할 수 없어. 그러니까 8시 45분부터 50분 사이에 도서실에서 자리를 비운 마운티가 용의자야."

두 사람은 셤즈 형사에게 이 내용을 문자로 보냈다. 잠시 후 셤즈 형사가 놀란 표정으로 달려왔다.

"그게 정말이야?"

셤즈 형사가 숨을 헐떡거리며 물었다.

"네!"

두 사람이 동시에 대답했다.

셤즈 형사와 매씨, 페르는 서둘러 기숙사를 나와 마운티의 방으로 향했다. 그동안 용의선상에서 벗어나 있다가 갑작스레 유력한 용의자가 된 마운티의 방을 조사하기 위해서였다. 세 사람이 갑자기 들이닥치자 침대에 누워서 책을 읽고 있던 마운티가 놀란 표정으로 자리에서 일어났다.

"무슨 일이죠?"

마운티가 떨리는 목소리로 말했다. 셤즈 형사는 마운티의 말에 대꾸도 하지 않고 그의 책상으로 다가갔다. 마운티의 책상에는 피로 물들인 글씨가 씌어 있는 여러 종류의 유령영화 포스터들이 스캐너 안에 꽂혀 있었다. 마운티는 유령영화 포스터에 나오는 피가 뚝뚝 떨어지는 글자들을 스캔해서 여학생들을 협박하는 데 사용한 모양이었다. 마운티의 범행이 틀림없었다. 셤즈 형사는 그가 사용하던 노트북 컴퓨터와 유령영화 포스터들을 증거물로 압수해 갔다.

이제 방에는 마운티와 페르, 매씨만이 남았다.

"마운티, 시험 문제는 어떻게 알아낸 거야?"

페르가 고개를 떨어뜨린 채 말이 없는 마운티에게 물었다.

"디오스 교수의 컴퓨터에 침입해 문제를 빼내는 건 나에게는 너무 쉬운 일이었어. 해킹 방지 프로그램이 전혀 설치되어 있지 않았거든."

마운티가 조용히 말했다.

"왜 여학생들에게만 이런 짓을 한 거야?"

매씨가 눈꼬리를 치켜뜨고 마운티를 노려보았다.

"여자애들이 나를 무시했어. 키가 작고 피부가 검다는 이유만으로 여자애들은 내가 근처에 가기만 해도 슬슬 피하곤 했어. 그래서 여자애들에게 복수하고 싶었어. 피부가 검고 키가 작다고 해서 이런 무시를 받는다는 게 너무 싫었단 말이야."

절규하는 마운티의 두 눈에서 눈물이 흘러나왔다. 잠시 동안 페르와 매씨는 아무 말도 할 수 없었다. 자신들도 황인종이라는 이유만으로 조금 차별을 받은 적이 있는데 검은 대륙에서 온 마운티가 받았을 인종차별을 생각하니 두 사람의 마음속에서도 눈물이 솟았다.

결국 수학유령 사건은 마운티가 일으킨 것으로 결론이 났다. 하지만 그가 학생 신분이고 아직 어리다는 이유로 경찰은 그를 훈방하기로 결정했다. 마운티는 결국 매쓰브리지를 떠나 자신의 고향인 아프리카 마을에 가서 수학 선생이 되기로 결심했다. 매쓰브리지의 수학유령 사건은 그동안 보이지 않게 인종차별을 해왔던 많은 백인 학생들이 반성할 수 있는 계기가 되었다. 그리고 디오스 교수의 컴퓨터에는 강력한 보안 프로그램이 설치되었다.

부록

정교수의
수학 강의

★ 심화학습

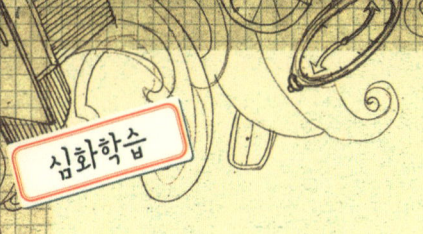

01_문자식이란?

이제 여러분은 a, b, c와 같은 문자를 사용하여 식을 나타내는 방법을 배우게 될 거예요. 먼저 수로 되어 있는 셈을 통해 문자식을 이해해 보기로 해요. 문방구에 가서 500원짜리 볼펜 세 자루를 사면 얼마를 내야 하죠?

1500원이지요? 이것을 식으로 쓰면 다음과 같아요.

$$1500 = 500 \times 3$$

여기서 1500원은 지불한 돈이고 500원은 볼펜 한 자루의 가격, 3은 구입한 볼펜의 개수입니다. 그러므로 다음과 같이 나타낼 수 있지요.

지불한 돈 = 볼펜 한 자루의 가격 × 구입한 볼펜의 개수

그럼 볼펜의 값이 a원일 때 세 자루를 사면 얼마를 내야 할까요? 별로 신경 쓸 필요 없지요? 위 식을 이용하면 되니까요.

지불한 돈 = 볼펜 한 자루의 가격 × 구입한 볼펜의 개수
$\qquad\qquad\quad a \qquad\quad \times \qquad 3$

그러니까 $a \times 3$(원)이 되는군요. 이것은 문자와 수를 곱한 식이에

요. 이제 여러분은 중학생이 되면 이것을 좀 더 간결하게 쓰는 요령을 배우게 돼요. 그것은 바로 다음과 같이 쓰는 거예요.

$$a \times 3 = 3a$$

이렇게 수와 문자의 곱에서는 ×기호를 생략하고 수를 문자의 앞에 쓰지요. 여기서 조심할 게 있어요. 자연수 중에서 가장 작은 수는 1이죠? 그러면 1과 a의 곱은 이 규칙대로라면 $1a$라고 써야 하잖아요? 그런데 수학자들은 이것을 그냥 a라고 쓰기로 약속했어요. 마찬가지로 $(-1) \times a = -a$라고 쓰지요.

문자와 문자가 곱해질 때는 어떻게 될까요? 예를 들어 볼펜 한 자루의 값이 a원인데 이 볼펜을 b개 산다고 해 봐요. 그러면 얼마를 지불해야 하나요? 이것도 간단해요. 다음과 같이 대응시키면 돼요.

지불한 돈 = 볼펜 한 자루의 가격 × 구입한 볼펜의 개수
       a × b

아하! 지불할 돈은 $a \times b$(원)가 되는군요. 문자와 문자를 곱한 식이에요. 이것은 다음과 같이 쓰기로 약속한답니다.

$$a \times b = ab$$

즉, 지불해야 할 돈은 ab(원)예요. 문자와 문자의 곱셈에서는 ×기호를 생략하고 주로 알파벳순으로 쓰지요. 이렇게 문자를 사용하여 나타낸 식을 '문자식'이라고 불러요.

그러면 같은 문자의 곱은 어떻게 정의될까요? 예를 들어 볼펜 한 자루의 값이 a원일 때 이 볼펜을 a개 산다고 해 보죠. 그럼 얼마를 지불해야 하나요? 간단해요. 다음과 같이 대응시키면 돼요.

지불한 돈＝볼펜 한 자루의 가격×구입한 볼펜의 개수
a　　　　　×　　　a

지불할 돈은 $a×a$(원)가 되는군요. 이것은 바로 a의 제곱이죠? 그러니까 지불해야 할 돈은 a^2(원)이 돼요.

이와 같이 문자식에서는 곱셈 기호를 생략한답니다. 하나 더 강조할 게 있어요. 예를 들어 $3×(a+b)=3(a+b)$라고 쓰면 되고, $(a+b)×(c+d)=(a+b)(c+d)$라고 써요.

휴! 이제 겨우 곱셈에 대한 문자식의 규칙까지 알아봤어요. 이제 나눗셈에 대해 알아볼 차례군요. 먼저 다음 예를 볼까요? 12개의 빵을 네 명이 똑같이 나누어 먹으면 한 사람이 몇 개씩 먹게 될까요? 당연히 세 개씩이죠? 여기서 3은 12÷4에서 나온 거예요.

$$12 \div 4 = 3$$

나눗셈은 역수를 곱하는 것과 같잖아요? 그래서

$$12 \div 4 = 12 \times \frac{1}{4} = 3$$

이 되는군요. 이것을 말로 나타내 보면 다음과 같아요.

한 사람이 먹는 빵의 개수 = 전체 빵의 개수 ÷ 빵을 먹는 사람 수

a개의 빵을 네 명이 똑같이 나누어 먹으면 한 사람이 몇 개씩 먹게 될까요? 위 식에 넣어 보죠.

한 사람이 먹는 빵의 개수 = 전체 빵의 개수 ÷ 빵을 먹는 사람 수
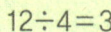

$a \div 4 = \frac{a}{4}$라고 쓸 수 있잖아요? 이와 같이 문자의 나눗셈은 ÷기호를 사용하지 않고 분수로 나타내지요. 문자를 문자로 나누는 경우도 똑같아요. 예를 들어 a를 b로 나누는 것은 $a \div b = \frac{a}{b}$라고 쓰지요.

조금 어려운 예를 들어 볼까요? 틀리기 쉬운 문제예요. $a \div b \div c$에서 나눗셈 기호를 생략하고 분수로 나타내면 어떻게 될까요? 조금 헷갈리지요? 그럴 때는 수의 나눗셈을 생각해 봐요. $12 \div 3 \div 2$ 말이에요. 이런

셈을 할 때는 $\div \square$를 $\times \dfrac{1}{\square}$로 바꾸지요? 그러니까

$$12 \div 3 \div 2 = 12 \times \dfrac{1}{3} \times \dfrac{1}{2}$$

이 돼요. 이것은 다음과 같이 쓸 수 있죠.

$$12 \times \dfrac{1}{3} \times \dfrac{1}{2} = \dfrac{12}{3 \times 2}$$

그렇다면 문자의 경우도 똑같이

$$a \div b \div c = \dfrac{a}{b \times c}$$

가 되지요. 여기서 분모에서는 곱셈 기호를 생략할 수 있지요? 그러니까 $a \div b \div c = \dfrac{a}{bc}$가 돼요.

02_식의 값

이제 문자로 나타내어진 식에 수를 대입하는 문제를 보죠. 대입이란 문자 대신 문자에 대응되는 수를 넣는 것을 말해요. 예를 들어 $x = -1$일 때 $2x - 1$의 값을 구해 봐요. $x = -1$을 $2x - 1$에 대입하면 $2x - 1 = 2 \times (-1) - 1 = -2 - 1 = -3$이 되지요? 이런 식으로 하면 돼요.

03_항과 상수항

식 $3x+8$을 보죠. $3x$와 8이 $+$로 연결되어 있지요? 이렇게 $+$로 연결된 식 하나하나를 '항'이라고 불러요. 위 식에서 항은 $3x$, 8이에요.

즉, $3x+8$는 두 개의 항을 가지고 있군요. 두 개의 항 중에서 $3x$에는 문자 x가 들어 있지요? 하지만 8은 문자가 없잖아요? 이와 같이 문자 없이 수로만 되어 있는 항을 '상수항'이라고 불러요. 상수항은 시험에 많이 나오니까 잘 기억해 두세요!!

그럼 식 $x-3y$에서 항은 무엇일까요? 어랏! $+$가 없군요. 정수와 유리수에서 $2-3=2+(-3)$이라는 것을 배웠죠? 문자식에서도 마찬가지예요. 위 식은 $x+(-3y)$라고 쓸 수 있지요. 어때요, 이제 $+$로 연결되어 있으니까 항을 찾을 수 있겠죠? 위 식의 항은 x, $-3y$이지요. 하지만 많은 학생들이 이런 문제가 나오면 성급하게 항을 x, $3y$라고 써서 괜한 점수를 손해 보곤 한답니다. 명심하세요. $+$로 연결된 것이 항이라는 것을요.

04_단항식

문자식 $3xy$를 보세요. 이것을 다시 곱셈 기호를 써서 나타내면 $3 \times x \times y$가 되지요? +는 어디에서도 찾아볼 수 없어요. 그렇다면 $3xy$는 항이 한 개뿐이라는 얘기군요. 맞아요. 이렇게 항이 하나뿐인 문자식을 '단항식'이라고 부르죠. 단항식은 다음과 같은 모습이에요.

숫자×문자들의 곱

즉, 단항식은 수와 문자들의 곱이군요. 그럼 $\frac{y}{x}$는 단항식일까요? $\frac{y}{x} = y \div x$이므로 나눗셈이 사용되었지요? 따라서 $\frac{y}{x}$는 단항식이 아니에요.

05_다항식

이번에는 다항식에 대해 알아보죠. 다음 식을 보세요.

$$x^2 + 3x - 2$$

이 식을 덧셈으로만 쓰면 $x^2 + 3x + (-2)$가 되죠. 그러니까 이 식의 항은 x^2, $3x$, -2의 세 개죠? 이와 같이 항의 개수가 두 개 이상인 식을 '다항식'이라고 불러요. 그러니까 이 식은 항을 세 개 가진 다항식이지요.

자! 이제 새로운 용어를 배워 봅시다. 세 개의 항 중에서 물론 상수항은 -2이지요? 그리고 $3x$는 곱셈 기호를 넣어서 쓰면 $3 \times x$가 되잖아요? 이와 같이 수와 문자의 곱에서 문자에 곱해진 수를 '계수'라고 불러요. 그러니까 $3x$의 계수는 3이지요. 그럼 x^2의 계수는 얼마일까요? 곱셈 기호를 넣어 써 보면 $x \times x$가 되지요? 그런데 어떤 식에 1을 곱해도 달라지지 않잖아요? 그러니까 위 식은 $1 \times x \times x$와 같아요. 아하! 문자 앞에 1이 곱해져 있군요. 그러니까 x^2의 계수는 1이에요.

06_ 차수와 1차식

이제 차수에 대해 알아볼 차례예요. 예를 들어 단항식 $-3x^3y$를 보죠.

$$\boxed{-3} \times \boxed{x} \times \boxed{x} \times \boxed{x} \times \boxed{y}$$

수와 문자 사이에 곱셈만 사용되었으므로 $-3x^3y$는 단항식이죠? 이 때 계수는 -3이에요. 단항식의 차수는 거듭 곱해진 문자의 수가 돼요.

이 경우를 보면 네 개의 문자가 곱해져 있지요? 그러니까 $-3x^3y$의 차수는 4가 되지요.

그럼 다항식의 차수는 어떻게 될까요? 다음 두 다항식을 보죠.

(A) $2x^2-3x+6$
(B) $4x+8$

먼저 (A)를 보죠. (A)는 세 개의 항으로 이루어져 있어요. 세 개의 항은 $2x^2$, $-3x$, $+6$이지요. 여기서 $2x^2$는 문자가 두 번 곱해져 있으므로 2차식이죠? 그리고 $-3x$는 문자가 한 개 나타나니까 1차식이에요. 그리고 $+6$은 상수항이지요? 상수항은 0차식이라고도 불러요. 그럼 차수가 가장 높은 항은 뭘까요? 당연히 $2x^2$이지요. 그것의 차수는 2차예요. 다항식에서는 포함된 항 중에서 가장 높은 항의 차수가 다항식의 차수가 된답니다. 즉, $2x^2-3x+6$의 차수는 2차이고 이런 문자식을 '2차식'이라고 불러요.

그럼 (B)는 몇 차식일까요? 포함된 항은 $4x$, $+8$이죠? $4x$는 1차식이고 $+8$은 0차식(상수항)이므로 차수가 가장 높은 항은 $4x$가 돼요. 그리고 차수가 1차이므로 (B)는 1차식이에요.

07_1차식의 덧셈·뺄셈

사과 한 개에 배 한 개를 더하면 얼마가 되죠? 그대로 사과 한 개와 배 한 개가 되겠지요? 하지만 사과 한 개에 사과 한 개를 더하면 얼마가 되죠? 사과 두 개가 되겠죠?

이 논리를 문자식에 적용해 볼까요? 예를 들어 $2a+3a$를 보죠. $2a$는 $2\times a$이니까 $a+a$잖아요? 그리고 $3a=3\times a=a+a+a$이지요? 그러니까

$$2a+3a=(a+a)+(a+a+a)=5a$$

가 돼요. 여기서 a를 사과에 비유하면 $2a$는 사과 두 개, $3a$는 사과 세 개를 뜻하니까 $2a+3a$는 사과 두 개와 사과 세 개의 합이 돼요. 그래서 사과 다섯 개를 나타내는 $5a$가 되는 거죠. 하지만 $2a+3b$는 풀어 써도 $(a+a)+(b+b+b)$가 되므로 더 이상 간단하게 쓸 수 없지요? 그러니까 a를 사과, b를 배에 비유하면 돼요.

이렇게 $2a$와 $3a$는 문자가 같고 계수만 다르죠? 이런 항들은 서로 더하거나 뺄 수 있는데 이런 항을 '동류항'이라고 불러요.

그렇다면 a^2과 a는 동류항일까요? 아니에요. 동류항이 되려면 문자의 종류도 같고 차수도 같아야 해요. 그런데 a^2은 2차식이고 a는

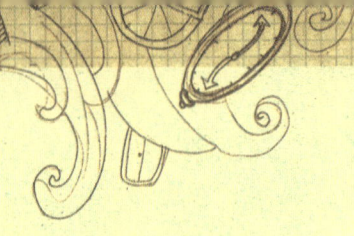

1차식이므로 차수가 다르죠? 그러니까 a^2과 a는 동류항이 아니죠.

1차식의 덧셈과 뺄셈에 대해 알아보기로 해요. 예를 들어

$$(2x+3)+(3x-4)$$

를 보세요. 이것은 두 1차식의 덧셈이죠? 이 식에서는 괄호가 필요 없지요? 그럼 괄호를 벗겨 봐요.

$$2x+3+3x-4$$

그런 다음 동류항끼리 묶어 보죠.

$$2x+3x+3-4$$

$2x+3x=5x$이고 $3-4=-1$이죠? 그러니까 이 식의 결과는 $5x-1$이 되잖아요? 이것이 1차식의 덧셈이에요.

1차식의 뺄셈은 어떻게 될까요? 다음 식을 보세요.

$$(5x-6)-(3x-2)$$

1차식 앞에 빼기가 있군요. 그러면 이것은 다음과 같이 쓸 수 있어요.

주어진 식: $(5x-6)+(-1)\times(3x-2)$

이잖아요? 여기서 $(-1)\times(3x-2)$는 분배법칙을 사용하면 돼요. 가만! 분배법칙은 $a(b+c)=ab+ac$이므로 괄호 안이 덧셈일 때만 외웠지요? 하지만 뺄셈일 때도 $a(b-c)=ab-ac$로 분배법칙이 성립하지요. 그러므로

$$(-1)\times(3x-2)=(-1)\times\{3x+(-2)\}$$

이므로 분배법칙을 쓰면

$$(-1)\times3x+(-1)\times(-2)=-3x+2$$

가 되지요? 그러니까

$$\text{주어진 식}: 5x-6+(-3x+2)$$

와 같이 앞에 +가 있을 때는 괄호를 마음대로 벗겨도 돼요.

$$\text{주어진 식}: 5x-6-3x+2$$

이것을 동류항끼리 정리하면

$$\text{주어진 식}: 5x-3x-6+2=2x-4$$

가 되지요.

08_등식

'3에 1을 더하면 4가 된다'를 식으로 나타내면 어떻게 될까요? 당연히

$$3+1=4$$

가 되지요? 여기서 =는 '등호'라고 불러요. 이렇게 등호가 있는 식을 '등식'이라고 하지요. 종종 등식은 양팔저울에 비유해요. 다음 그림을 보세요.

왼쪽에는 붉은색 사과 세 개와 초록색 사과 한 개가 있고, 오른쪽에는 붉은색 사과 네 개가 있네요. 그래도 저울이 어느 한쪽으로 기울지 않죠? 이것은 양쪽이 균형을 이루기 때문이에요. 이것은 붉은색사과와 초록색 사과의 무게가 같기 때문이지요. 이렇게 등호의 양쪽이 균형을 이루고 있는 식을 '등식'이라고 하지요. 왼쪽을 나타내는 한자

어는 '좌', 오른쪽을 나타내는 한자어는 '우'이지요? 그래서 등호의 왼쪽에 있는 것을 '좌변'이라고 부르고, 오른쪽에 있는 것을 '우변'이라고 불러요. 그리고 좌변과 우변을 합쳐서 '양변'이라고 부르지요.

09_방정식과 그 해

이제 방정식에 대해 알아보기로 해요. 예를 들어 다음 문제를 보세요.

$$\square + 1 = 3$$

위 식에서 □에 들어갈 알맞은 수는 뭘까요? 당연히 2겠죠? 2+1=3이니까요. 그럼 □에 2가 아닌 수를 넣으면 등호가 성립하나요? 예를 들어 □에 4를 넣어 봐요. □+1=4+1=5가 되므로 3과 같지 않지요? 이렇게 □의 값에 어떤 수를 넣을 때만 성립하는 등식을 '방정식'이라고 불러요. 여기서 □는 '아직 모르는 수'이기 때문에 '미지수'라고 불러요.

그런데 이제 수학에 대해 많은 자신감이 생겼으니 미지수를 나타낼 때 □보다는 좀 더 멋진 기호를 사용하면 어떨까요? 수학자 데카

르트는 □ 대신 x를 사용하자고 주장했어요. 왜냐고요? 데카르트는 프랑스 사람이잖아요? 프랑스 단어에는 x가 많이 들어가지 않거든요. 그래서 그랬대요. 그럼 위 방정식은 $x+1=3$으로 바꾸죠? 어때요, 좀 더 폼이 나지요? 그럼 이 식에서 좌변과 우변을 알아보기로 해요.

좌변: $x+1$, 우변: 3

이 식에서는 x에 2를 넣을 때만 등식이 성립하지요? 이와 같이 방정식에서 등식을 만족하게 하는 x의 값을 그 방정식의 '해'라고 불러요. 그러니까 방정식 $x+1=3$의 해는 $x=2$이지요. 이와 같이 어떤 방정식에서 해를 구하는 것을 '방정식을 푼다'고 말해요. 만일 '방정식 $x-1=5$를 풀어라.' 라는 문제가 나오면 여러분은 $x-1=5$를 만족하는 x의 값을 찾으면 돼요. 뭘까요? $x=6$이죠? 그게 바로 방정식 $x-1=5$의 해가 돼요. 그럼 $x=10$은 방정식 $x-1=5$의 해일까요? 아니죠. $x=10$을 방정식에 대입하면 좌변은 $10-1=9$가 되고 우변은 5이니까 좌변과 우변이 같지 않지요? 그러니까 $x=10$는 주어진 방정식의 해가 아니에요.

10_항등식

이번에는 항등식에 대해 알아보죠. 다음 등식을 보세요.

$2(x+1)=2x+2$에서 $x=1$을 넣으면

좌변: $2×(1+1)=4$

우변: $2×1+2=4$

가 되어 등호가 성립하죠? 그럼 $x=2$를 넣어 봐요.

좌변: $2×(2+1)=6$

우변: $2×2+2=6$

이 되어 등호가 성립하죠? 사실 이 식은 x에 어떤 수를 넣어도 성립한답니다. 이렇게 모든 x에 대해 성립하는 등식을 항상 등식이 성립하는 식이라고 해서 '항등식'이라고 불러요.

등식의 성질

등식 $A=B$를 생각해 보죠. 이 등식은 다음과 같은 성질이 있어요.

1) 양변에 같은 수를 더해도 등식은 성립한다.

$A+m=B+m$

2) 양변에서 같은 수를 빼도 등식은 성립한다.

$A-m=B-m$

3) 양변에 같은 수를 곱해도 등식은 성립한다.

$A \times m = B \times m$

4) 양변을 0이 아닌 같은 수로 나누어도 등식은 성립한다.

$\frac{A}{m}=\frac{B}{m}(m \neq 0)$

그런데 왜 0으로는 나눌 수 없을까요? 0으로 나눌 수 있다고 해 보죠. $1 \times 0 = 0, 2 \times 0 = 0$이니까 $1 \times 0 = 2 \times 0$이죠?

양변을 0으로 나누면 $1 \times 0 \div 0 = 2 \times 0 \div 0$이고, 0으로 나눌 수 있다면 $0 \div 0 = 1$이 되니까 주어진 식은 $1=2$가 되겠지요? 이건 말도 안 되잖아요. 그래서 수학에서는 0으로 나누는 것을 금지한답니다.

등식의 성질을 이용하여 방정식을 풀어 보기로 해요. 다음 방정식을 보세요.

$$x-5=6$$

등식의 양변에 같은 수를 더해도 되지요? 그럼 양변에 5를 더해 줘요.

$$x-5+5=6+5$$

여기서 $x-5+5$가 뭐죠? 이럴 때는 수를 가지고 셈해 봐요. $13-5+5=13$이지요? 그러니까 $x-5+5=x$가 되지요. 따라서 $x=11$이 돼요. 방정식은 이렇게 풀 수 있어요.

다른 예를 볼까요?

$$2x=8$$

양변을 같은 수로 나누어 줘도 등식이 변하지 않지요? 그러므로 양변을 2로 나누면 $\frac{2x}{2}=\frac{8}{2}$이 되지요. 좌변에서 약분을 하면 $x=4$가 되는군요. 이와 같이 등식의 성질을 이용하여 방정식을 풀 수 있답니다.

11_계수가 정수인 1차방정식의 풀이

이제 1차방정식을 풀어 보죠. 다음 방정식을 보세요.

$$x+1=3$$

등식의 성질을 이용하여 양변에서 1을 빼 보는 거예요.

$$x+1-1=3-1$$

그럼 좌변은 x가 되지요? 그러면 다음과 같이 되죠.

$$x=3-1$$

가만! 새로운 발견을 했어요. 주어진 방정식의 좌변에 있던 +1이 등호를 넘어 우변으로 가서 −1이 되었어요. 이렇게 등호를 넘어서 이사 가는 것을 '이항'이라고 불러요. 반드시 명심할 것! 이항하면 부호가 바뀐다는 사실이에요. 그러니까 이 방정식의 해는 $x=2$가 되지요.

다음 방정식을 보세요.

$$x-7=-10$$

이때도 이항을 하면 될까요? 등식의 성질을 이용하여 풀려면 양변

에 7을 더하면 되지요? 그러면

$$x - 7 + 7 = -10 + 7$$

이 돼요. 좌변은 x이므로

$$x = -10 + 7$$

이 되는군요. 역시 좌변의 −7이 이항하므로 우변으로 가서 +7이 되었잖아요? 따라서 이 방정식을 풀면 $x = -3$이 되지요.

　조금 더 복잡한 방정식을 보기로 해요.

$$3x + 2 = 8$$

우선 좌변의 +2를 우변으로 이항하면

$$3x = 8 - 2$$

가 되지요. 정리하면

$$3x = 6$$

이 되고요. 양변을 3으로 나눠 주어도 등식이 달라지지 않으니까 이 방정식의 해는 $x = 2$가 되지요.

하나 더 풀어 봅시다. 다음 1차방정식을 보세요.

$$5x-2=2x+10$$

어랏! x가 있는 항이 좌변에도 있고 우변에도 있군요. 먼저 좌변의 -2를 우변으로 이항해 봐요. 그러면

$$5x=2x+10+2$$

가 되고, 정리하면

$$5x=2x+12$$

가 되지요. 다음에는 우변의 $2x$를 좌변으로 이항해요. 역시 부호가 바뀐다는 것을 명심하세요.

$$5x-2x=12$$

동류항 계산을 하면

$$3x=12$$

가 되어 양변을 3으로 나누면 $x=4$가 이 방정식의 해가 되죠.

12_계수가 분수인 1차방정식의 풀이

이번에는 계수가 분수인 경우를 봅시다.

$$\frac{1}{6}x + 1 = \frac{9}{2} + \frac{2}{3}x$$

분모가 모두 다르지요? 이럴 때는 분모의 최소공배수를 곱해요. 6, 2, 3의 최소공배수는 6이죠? 이것을 양변에 곱하면

$$x + 6 = 27 + 4x$$

가 되지요. 여기서 x가 있는 항은 좌변으로, 상수항은 우변으로 이항하면

$$x - 4x = 27 - 6$$

이 돼요. 이제 동류항끼리 계산하면

$$-3x = 21$$

이 되지요? 마지막으로 양변을 -3으로 나누면

$$x = -7$$

이 되지요. 이것이 바로 방정식의 해가 돼요.

다음 방정식을 보죠.

$$0.2x+0.8=1.3x+3$$

계수가 모두 소수이군요. 이 방정식의 양변에 10을 곱하면

$$2x+8=13x+30$$

이 됩니다. x가 있는 항은 좌변으로, 없는 항은 우변으로 이항하면

$$2x-13x=30-8$$

이 되지요. 동류항끼리 계산하면

$$-11x=22$$

가 되고, 양변을 -11로 나누면

$$x=-2$$

가 됩니다.

또 다른 예를 보죠.

$$\frac{1}{2}x - 0.75 = \frac{2x-7}{6}$$

계수가 소수인 것도 있고 분수인 것도 있군요. 이때는 소수를 분수로 바꾸면 돼요. 그러면 방정식은 다음과 같이 바뀌지요.

$$\frac{1}{2}x - \frac{3}{4} = \frac{2x-7}{6}$$

분모의 최소공배수 12를 양변에 곱하면

$$6x - 9 = 4x - 14$$

가 됩니다. x가 있는 항은 좌변으로, 없는 항은 우변으로 이항하면

$$6x - 4x = -14 + 9$$

가 되고, 동류항끼리 계산하면

$$2x = -5$$

가 되지요. 양변을 2로 나누면

$$x = -\frac{5}{2}$$

가 됩니다.

13_1차방정식의 활용

1차방정식은 어디에 쓰일까요? 여러 문제를 이용하여 1차방정식이 사용되는 예를 살펴봅시다.

수의 문제

다음 문제를 보세요.

> 어떤 수와 11의 합은 어떤 수의 3배보다 5가 작다고 한다. 이때 어떤 수를 구하라.

먼저 어떤 수를 x라 두죠. 이때 어떤 수와 11의 합은 $x+11$이 되고, 어떤 수의 3배는 $3x$가 됩니다. 주어진 조건은 어떤 수와 11의 합은 어떤 수의 3배보다 5가 작다는 것이므로 이것을 x로 나타내면

$$x+11 = 3x-5$$

가 됩니다. 1차방정식이 되었군요. 이 식을 풀면 $x=8$이 됩니다. 그러므로 구하는 수는 8이지요.

또 다른 문제를 볼까요?

> 연속하는 세 홀수의 합이 219일 때 가장 작은 홀수를 구하라.

가장 작은 홀수를 x라고 두죠. 이때 연속하는 세 홀수는

$$x,\ x+2,\ x+4$$

가 됩니다. 예를 들어 11, 13, 15를 보죠. 2만큼 커지니까 11, 11+2, 11+4가 되지요. 세 수의 합이 219이므로

$$x+(x+2)+(x+4)=219$$

가 됩니다. 이 방정식을 풀면

$$x=71$$

이 되어, 가장 작은 홀수는 71입니다.

또 다른 문제를 풀어 보죠.

> 십의 자리 숫자가 3이고 일의 자리 숫자가 x인 두 자리 자연수가 있다. 이 자연수의 십의 자리 숫자와 일의 자리 숫자를 바꾸면 처음 자연수보다 27이 크다고 할 때 x를 구하라.

십의 자리 숫자가 3이고 일의 자리 숫자가 x인 수는

$$3 \times 10 + x = 30 + x$$

가 됩니다. 십의 자리와 일의 자리를 바꾼 수는

$$x \times 10 + 3 = 10x + 3$$

이 되지요. 그러니까 문제의 조건으로부터

$$10x + 3 = 30 + x + 27$$

이 되어 이 방정식을 풀면

$$x = 6$$

이 됩니다. 따라서 처음 자연수는 36이지요.

평균 문제

이번에는 평균에 관한 문제를 풀어 보기로 해요.

> A반의 수학 시험 결과 여학생 16명의 평균 점수는 전체 평균보다 2.5점이 높고 남학생 20명의 평균 점수는 68점 이라고 한다. 이때 여학생의 평균 점수를 구하라.

여학생의 평균 점수를 x라 놓죠. 그러면 전체 평균은 $x-2.5$이고 여학생 16명의 총점은 $16 \times x$가 됩니다. 남학생 20명의 총점은 20×68 이므로

전체 총점: 여학생 총점 + 남학생 총점 = $16x + 20 \times 68$

로부터

전체 평균: $x - 2.5 = \dfrac{16x + 20 \times 68}{16 + 20}$

이 되지요. 이것을 풀면 $x = 72.5$(점)가 됩니다.

길이가 다른 끈 문제

> 3m 길이의 끈을 두 조각으로 나누었다. 이때 긴 끈과 짧은 끈의 차이가 60cm라면 짧은 끈의 길이는 얼마일까?

이때 짧은 끈의 길이를 x(cm)라고 두면 긴 끈의 길이는 $x+60$(cm)이 되지요. 두 끈의 길이를 합치면 3m잖아요? 그런데 3m를 cm로 고치면 300cm이므로

$$짧은\ 끈\ 길이 + 긴\ 끈\ 길이 = 300$$

이 되지요. 이 식을 미지수 x로 나타내면

$$x+(x+60)=300$$

이 되고, 정리하면

$$2x+60=300$$

이 됩니다. 방정식을 풀면 $x=120$(cm)이 돼요. 따라서 짧은 끈의 길이는 120cm이고 긴 끈의 길이는 180cm이지요.

속력 문제

1차방정식을 이용하여 속력과 관련된 문제를 풀 수 있어요.

> 미나가 인라인을 타고 집에서 학교까지 왕복하는데 갈 때는 초속 8m, 올 때는 초속 10m로 갔다. 이때 걸린 시간이 1분 30초라면 미나의 집에서 학교까지의 거리는 얼마일까?

속력은 거리를 시간으로 나눈 값이죠? 즉,

$$속력 = \frac{거리}{시간}$$

으로 나타낼 수 있어요. 미나의 집에서 학교까지의 거리를 x 라고 해 보죠. 가는 데 걸리는 시간은 이 거리를 갈 때 속력으로 나눈 값이므로 $\frac{x}{8}$(초)가 돼요. 마찬가지로 오는 데 걸리는 시간은 이 거리를 올 때 속력으로 나눈 값이므로 $\frac{x}{10}$(초)가 되지요. 그리고 1분 30초는 90초이므로 다음 관계식이 성립해요.

가는 데 걸린 시간 + 오는 데 걸린 시간 = 90(초)

이것을 x로 나타내면

$$\frac{x}{8} + \frac{x}{10} = 90$$

이 돼요. 양변에 8과 10의 최소공배수인 40을 곱하면 $5x+4x=3600$이 되고 좌변에서 분배법칙을 쓰면 $5x+4x=(5+4)x=9x$이므로 $9x=3600$이 되지요. 이 식의 양변을 9로 나누면 $x=400$이지요? 그러니까 미나의 집에서 학교까지의 거리는 400미터가 돼요.

속력에 관한 또 다른 문제를 풀어 볼까요?

> A는 1분에 80m의 속력으로 걸어가고 A가 출발하고 3분 뒤에 B는 1분에 200m의 빠르기로 뛰어갔다고 한다. B가 출발하고 나서 두 사람은 몇 분 후에 만날까?

B가 출발하고 x분 후에 만난다고 해 보죠. 이 문제는 거리=속력×시간을 이용하면 됩니다. A는 $(x+3)$분 동안 달렸으니까 A가 간 거리는 $80 \times (x+3)$이고, B는 x분 동안 갔으니까 B가 간 거리는 $200 \times x$가 됩니다.

둘이 만난다고 했으므로

$$80(x+3) = 200x$$

가 되지요. 이 식을 정리하면

$$120x = 240$$

이 되고, 양변을 120으로 나누면

$$x = 2$$

가 됩니다. 그러니까 B가 출발하고 나서 2분 후에 만나게 되지요.

이번에는 터널 문제를 풀어 보죠.

> 시속 240km로 달리는 열차가 그 열차의 길이보다 9배 긴 터널을 완전히 통과하는 데 1분이 걸렸다. 이때 열차의 길이는 얼마가 될까?

열차의 길이를 x 라고 하면 터널의 길이는 $9x$이지요. 열차가 터널을 완전히 통과하려면

$$\text{열차의 길이} + \text{터널의 길이} = \text{속도} \times \text{시간}$$

심화학습 157

이 되어야 합니다. 1분을 시간으로 고치면 $\frac{1}{60}$(시간)이므로

$$x+9x=240\times\frac{1}{60}$$

이 됩니다. 이 방정식을 풀면

$$x=\frac{4}{10}(km)$$

이고, 이것을 m으로 고치면

$$x=400(m)$$

이 됩니다.

농도 문제

이번에는 소금물의 농도에 대한 문제를 알아보죠. 농도란 진한 정도를 말합니다. 그러므로 물에 소금을 넣지 않으면 농도는 0이 되지요. 하지만 소금을 넣으면 농도가 변하게 되고 소금을 많이 넣을수록 소금물의 농도는 커져요. 소금물의 농도는 다음 공식으로 주어집니다.

$$농도 = \frac{소금의\ 양}{소금물의\ 양}\times100(\%)$$

즉, 농도는 %로 나타내지요.

예를 들어 소금물 50g 속에 소금이 10g 녹아 있다고 합시다. 이때 농도는

$$\frac{10}{50} \times 100 = 20(\%)$$

이 되죠.

이번에는 소금물의 증발에 대해 알아봅시다.

증발이란 물이 기체가 되어 날아가는 것입니다. 이때 소금은 증발되지 않습니다. 그러니까 물만 줄어들고 소금은 그대로 있겠지요.

> 소금이 10g 녹아 있는 소금물 50g에서 물 10g이 증발했다. 그러면 농도는 얼마가 될까?

증발은 물만 사라진 것이니까 소금의 양은 변함이 없겠지요? 소금물은 40g이고 소금은 10g이므로 농도는

$$\frac{10}{40} \times 100 = 25(\%)$$

가 되어 농도가 증가하지요. 즉, 증발이 일어나면 소금물의 농도가 증가한답니다.

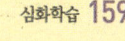

농도와 관련된 문제를 보죠.

> 8%의 소금물 100g이 있다. 이 소금물에서 몇 g의 물을 증발시켜야 10%의 소금물이 될까?

농도 = $\dfrac{\text{소금의 양}}{\text{소금물의 양}} \times 100$ 이니까 소금의 양을 구하려면

소금의 양 = $\dfrac{\text{농도}}{100} \times$ 소금물의 양(g)이 돼요.

이때는 증발한 물의 양을 모르니까 x(g)라고 두죠. 8% 소금물 100(g) 속의 소금의 양은

$$100 \times \dfrac{8}{100} = 8 \text{(g)}$$

이지요? 물 x(g)를 증발시키면 소금물의 양은 $100-x$이고, 이때 소금의 농도는 10%이므로 소금의 양은

$$(100-x) \times \dfrac{10}{100}$$

이 돼요. 그런데 증발은 물만 사라진 것이니까 소금의 양은 같겠죠? 그러니까 다음과 같이 되지요.

$$(100-x) \times \frac{10}{100} = 8 \quad \therefore x = 20(g)$$

아하! 20g의 물이 증발하면 되는군요.

농도에 관한 또 다른 문제를 보죠.

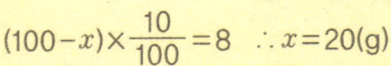

12%의 소금물 300g과 5%의 소금물 400g을 섞어 만든 소금물이 있다. 여기에 소금 xg을 넣어 10%의 소금물이 되게 하려면 x는 얼마가 될까?

이런 문제에서는 소금의 양을 따지면 돼요. 12% 소금물 300g 속의 소금은 $\frac{12}{100} \times 300 = 36(g)$이 되고, 5% 소금물 400g 속의 소금은 $\frac{5}{100} \times 400 = 20(g)$입니다. 여기에 소금 $x(g)$를 넣으면

전체 소금의 양: $36+20+x = 56+x$
전체 소금물의 양: $300+400+x = 700+x$

이고, 이때 농도가 10%이므로

$$\frac{56+x}{700+x} \times 100 = 10$$

에서 양변을 10으로 나누면

$$\frac{56+x}{700+x} \times 10 = 1$$

의 양변에 700+x를 곱하면

$$560 + 10x = 700 + x$$

이 됩니다. 이 방정식을 풀면

$$9x = 140(g)$$

이 되어 $x = \frac{140}{9}$(g)이 됩니다.

글쓴이 정완상 교수

1962년 서울에서 태어나 1985년에 서울대학교 무기재료공학과를 졸업했습니다. 1992년 KAIST에서 중력이론으로 이론물리학 박사학위를 취득하였고, 1992년부터 현재까지 국립 경상대학교 기 과학부 교수로 재직하고 있습니다. 전공 분야는 중력이론과 양자대칭성 및 응용수학으로 현재까지 물리학과 수학의 국제 학술지에 100여 편의 논문을 게재했습니다.

저서로는 『아인슈타인이 들려주는 상대성원리 이야기』, 『호킹이 들려주는 빅뱅 이야기』, 『과학공화국 물리법정』, 『과학공화국 수학법정』, 『과학공화국 생물법정』, 『과학공화국 화학법정』, 『과학공화국 지구법정』 등이 있습니다.

그린이 이화

부산대 시각디자인학과를 졸업하고 홍익대 대학원에서 메타디자인 일러스트레이션을 공부했습니다. 어린시절부터 환상의 세계를 상상하며 자랐고 지금도 꿈꾸며 살고 있습니다.
2005년부터 디자이 및 일러스트레이터로 도서, 웹, 음반, 패키지 등 다양한 영역에서 활동하고 있습니다. 63빌딩 홈페이지 일러스트레이션, 상주 이야기축제 전체 일러스트 담당, 각종 사보의 표지 일러스트레이터로 일했습니다. 그림책으로는 『싸이의 과학대모험』, 『에스터의 싸이언스 데이트』, 『우주로 가요』, 『판타지 수학원정대』 등이 있습니다.
http://blog.naver.com/dlghk82

영재들을 위한 상위10%
수학 바이러스

2010 좋은 어린이책 최우수 도서 선정

매쓰피아 왕국에서 펼쳐지는
셈짱과 리나의 수학 모험

❶ 구구몬과의 대결 `수와연산`
❷ 마법의 도형 `도형`
❸ 함정에 빠진 셈짱과 리나 `문자와 식`
❹ 매쓰톤의 좌표 `규칙성과 함수`
❺ 게임 아일랜드 `확률과 통계`

글 정완상 | 그림 조윤영 | 값 14,000원

매쓰브리지 캠퍼스에서 펼쳐지는
페르와 매씨의 추리 모험

❶ 매쓰브리지 입학 `수와연산`
❷ 바빌로니아 피타고라스 `도형`
❸ 수학유령의 등장 `문자와 식`
❹ 교묘한 트릭 `규칙성과 함수`
❺ 이상한 카드게임 `확률과 통계`

글 정완상 | 그림 이화 | 값 14,000원